십대, 성경으로 세상을 보라

십대, 성경으로 세상을 보라

청소년을 위한 기독교 세계관 이야기

김경덕 지음

사랑플러스

요셉, 사무엘, 다윗, 다니엘의 삶을 보십시오. 일생을 하나님께 귀히 쓰임받은 사람들은 십대에 이미 하나님께 헌신했습니다. 그러므로 초중고 시절에 주님께 자신을 드린다면, 그 경험은 한 사람의 가장 큰 영적 자산으로 남을 것입니다. 이것은 제가 목회적 경험을 통해 깨달은 진리로, 아무리 강조해도 지나치지 않는 사실입니다. 그러나 현실은, 청소년 자녀와 대화를 하려면 '청소년 용어 사전'이 필요하다는 이야기가 있을 정도로 부모 세대와 자녀 세대 간 단절의 골이 깊어지고 있습니다. 한국 교회의 숭고한 순교적 영성을 자녀 세대로 계승하려면 이전보다 더 많은 수고와 노력을 해야 하는 시대가 되었습니다. 이러한 때에 사랑의교회 교육 부서를 담당하는 김경덕 목사님의 청소년들을 대상으로 한 책,《십대, 성경으로 세상을 보라》가 출간되어 얼마나 다행인지 모릅니다.

저자인 김경덕 목사님은 사랑의교회 청소년 부서를 다년 간 섬겨 온 현장 사역자로, 다음 세대를 향한 애정과 열정 이 있습니다. 김 목사님은 청소년 사역자답게 그들의 귀에 들리는 언어를 사용하고, 청소년들이 공감할 만한 주제를 접촉점으로 삼아 자연스럽게 성경 말씀으로 인도합니다. 각각의 이야기를 따라 읽다 보면 성경 말씀의 교훈이 어느 새 가슴 깊이 자리 잡을 것입니다. 이 책이 청소년들의 마 음을 변함없는 진리 위에 세우는 도구로 쓰임받기를 기대 하며, 청소년들과 청소년 자녀를 둔 부모들에게 일독을 권 합니다.

오정현 사랑의교회 담임 목사, 국제제자훈련원 원장

세계관의 다른 말은 눈높이입니다. 청소년 사역의 달인 김경덕 목사님은 철저히 그들의 눈높이에서 세상을 봅니 다. 그는 성경의 안경을 통해 세상의 현란한 마술을 꿰뚫어 복음의 진면목을 드러냅니다. 그리고 성경의 이야기를 통 해 우리 눈을 하나님의 시야로 끌어올립니다. 그의 이야기 를 들으며 사계를 지나다 보면 시간은 잊고 성숙이 남습니 다. 정말 재미있고 유익하고 통찰이 가득한 책입니다. 오늘

의 청소년을 이해하고 섬기려는 동역자 모두에게 강력히
추천합니다.

신국원 총신대학교 신학과 교수

목회 현장에서 청소년들과 부모들에게 권할 만한 책이
많지 않아 안타까워하던 차에, 이 귀한 책이 출간된다는 소
식을 듣고 무척 기뻤습니다. 김경덕 목사님은 사랑의교회
청소년 부흥회를 준비하며 함께 비전을 나눈 후배요, 동역
자입니다. 무엇보다 청소년들을 깊이 사랑하는 목자입니다.
저자는 기독교 세계관이라는, 결코 가볍지 않은 주제를 청
소년의 눈높이에 맞추어 이야기로 풀어냈습니다. 생에 다
시 오지 않을, 소중한 시간을 보내는 우리의 십대들이 성경
의 렌즈로 자신을 바라보고 세상을 바라보게 되기를 바라
며, 그 일에 이 책이 값지게 쓰임받기를 기대합니다.

김요셉 원천침례교회 대표 목사, 중앙기독학교 교목

김경덕 목사님은 청소년들을 따뜻한 눈으로 바라봅니
다. 김 목사님의 글을 읽으면 그가 청소년들의 마음을 얼마
나 깊이 이해하고 공감하는지 느낄 수 있습니다. 그는 십대
들의 마음을 움직이는 감성과 예리한 논리로 절묘하게 복

음을 녹여 냈습니다. 그의 글에는 상큼한 매력이 있습니다. 자연스러움과 깊은 내공이 어우러져 저절로 고개가 끄덕여집니다. 이 책을 통해 청소년들이 하나님의 눈으로 세상을 아름답게 바라보는 영적 안목을 갖게 될 것이라고 확신합니다.

김영삼 금광교회 담임 목사, 청소년교육선교회 이사

그대의 이름은 청소년입니다. 희망이 보이다가도 한순간 절망의 그림자가 드리우는 복잡한 인생에서, 작은 기쁨 하나만으로 삶의 버거움을 물리칠 수 있는 그대는 '능력자'입니다. 저자인 김경덕 목사님은 그대를 잘 알고 깊이 사랑하는 분입니다. 김 목사님은 그대가 성경적 가치를 세우고, 그 가치에 기반한 삶을 살도록 돕기 위해 이 책을 썼습니다. 각각의 글마다 버거운 인생의 짐을 가볍게 해 주는 지혜가 담겼습니다. 읽는 즐거움을 넘어 삶의 기쁨이 될 이 책을 통해, 저와 같은 행복을 느꼈으면 좋겠습니다.

고종율 파이디온선교회 대표

머리말

"청소년들의 눈에 비친 세상은 어떤 모습일까?"

이 질문에서 이야기가 시작되었습니다. 매 주일 아이들을 만나 말씀을 전하면서, 그들이 사는 세상이 궁금했고 그들이 살아갈 세상에 더 가까이 가고 싶었습니다. 스마트폰, 시험, 교복, 아이돌, 다이어리, 패스트푸드 등 아이들이 속한 세상의 퍼즐 조각들을 맞추어 크고 멋진 그림을 완성해 주고 싶었습니다. 저는 청소년 사역자이기 전에 우리의 십대들이 '시대정신'(zeitgeist)에 둔감하거나 지나치게 예민하지 않기를 바라는 한 사람의 어른이니까요.

"성경으로 세상을 보라!"

이처럼 단순하면서도 분명한 도전이 책의 전반에 흐르고 있습니다. 청소년들에게 성경으로 세상을 보는 법을 가르치는 일은 모든 교회가 주 예수께로부터 받은 사명입니다. 이것을 효과적으로 전달하기 위해 택한 방식은 '내러티브'(narrative), 즉 '이야기'입니다. 청소년들이 '나'와 '세상'을 바르게 이해하도록 돕는 것은 성경 말씀, 곧 하나님께서 창조하신 만물에 대한 내러티브라고 믿기 때문입니다.

"봄, 여름, 가을 그리고 겨울."

이 책은 아이들의 세상이 담긴 소소한 이야기들로 채워져 있습니다. 공감 가는 부분에서는 고개를 끄덕이고 때로는 고민도 하면서, 조금씩 조금씩 아이들의 의식 속으로 성경에 기초한 기독교 세계관이 스며드는 것. 그것이 바로 이 책의 목적이요, 저의 바람입니다. 계절이 바뀌고 시간이 흐르면 만물이 성장하는 창조의 원리처럼, 우리 아이들은 성경과 더불어 하나님의 사람으로 자라날 것입니다. 청소년들을 사랑하시는 주님이, 꼭 그렇게 하실 것이라고 믿습니다.

청소년을 섬기는 이
김경덕

차례

Spring
봄날, 가능성이 열린다!

Summer
여름, 파란 하늘과 오래도록 함께하는 날들

Fall
가을, 거룩한 상상을 하자!

Winter
겨울, 나만의 역사를 기록하는 때

Spring

봄날,
가능성이 열린다!

새 학기,
친구를 추가하세요

스마트하게 친구 맺기

하나, 스마트폰을 켠다.

둘, 카톡을 실행한다.

셋, '친구 찾기' 탭을 클릭한 뒤 검색한다.

넷, '친구 추가'를 누른다.

끝!

이렇게 또 한 명의 친구를 추가했다. 친구 맺기 참 쉽다. 그야말로 '스마트한' 세상이다. 이처럼 스마트하게 친구를 맺은 사람들의 수가 오늘로 무려 636명! 스마트폰 메신저 앱의 기나긴 친구 목록을 무심코 스크롤하던 중 이런 생각이 든다. '친구란 뭘까?'

그리스 철학자 아리스토텔레스 할아버지는 "친구란 두 개의 신체에 깃든 하나의 영혼이다"라고 했다. 대륙의 베프, 관중과 포숙아의 우정을 뜻하는 말인 '관포지교'(管鮑之交)가 어렴풋이 기억난다. "저녁을 먹고 나면 허물없이 찾아가 차 한잔을 마시고 싶다고 말할 수 있는 친구가 있었으면 좋겠다"로 시작하는 유안진 님의 아름다운 시 〈지란지교를 꿈꾸며〉를 읽으면서 친구와 우정에 관한 로망을 키웠던 시간도 새록새록 떠오른다.

모든 이에게 친구는 소중하고, 십대들에게는 더욱 그렇다. 청소년들은 모든 사람이 자기를 본다고 믿는다. 그래서 외모에 집착하고 관계에 민감하다. 제임스 파울러에 따르면 청소년들은 육체적, 정서적 변화를 경험하면서 자신의 새로운 변화를 익숙하게 해 줄 '거울'을 원한다고 한다. 그 거울은 신뢰할 만한 다른 사람의 눈과 귀를 의미하며, 이는 바로 친구 관계에서 형성된다. 십대들에게 친구가 필요하고 또 소중한 이유이다. 십대들에게 친구란 거울이요, 상담자요, 조언자요, 스승이다. 새 학기를 시작하는 3월, 설렘과 불안이 교차하는 새 교실에서 우리는 이 낯선 얼굴들을 우리 인생의 친구로 '추가'하게 된다.

친구입니까? 확실해요?

2014년 11월 현재, 대한민국 '국민 메신저' 카톡(카카오톡)의 가입자 수는 중복 가입자를 포함하여 1억 6천만 명에 달한다. 네이버가 만든 라인은 전 세계 5억 6천만 명이 사용한다. 건당 20원인 문자 메시지의 사용료 부담이 없는 스마트폰 메신저 앱에 십대들이 열광하는 것은 당연한 일. 하지만 그런 만큼 부작용이 생길 위험도 높다.

친구의 초대로 카톡방에 들어간 한 친구의 이야기이다. 그곳에는 이미 여러 명의 아이들이 들어와 있었는데, 모두가 어떤 아이에게 욕설을 퍼붓고 있었다. 아이들은 "니 어미 아비가 이렇게 키웠냐?"처럼 들었을 때 수치심을 느낄 만한 욕설들을 거침없이 쏟아 냈다. 놀란 친구는 카톡 알림음을 '무음'으로 설정한 뒤 다른 일을 했다. 그러다가 몇 분 뒤 다시 카톡방에 들어가 보았더니 그 짧은 순간에 욕설이 몇천 개나 올라와 있었다. 그 친구는 괴롭힘을 당하는 아이가 안쓰러웠지만 섣불리 끼어들었다가는 자기까지 공격받을까 봐 그냥 보고만 있었다고 한다. 결국 그렇게 욕을 먹으면서 왕따를 당한 아이는 계속되는 괴롭힘을 견디지 못하고 학교를 그만두었다.

이처럼 신종 왕따가 유행한다. 카톡방으로 초대한 뒤 단체로 욕설 퍼붓기, 초대한 뒤 한꺼번에 나가 버려 왕따 친구만 카톡방에 남겨 두기, 이와 반대로 왕따 친구가 카톡방에서 빠져나갈 수 없도록 계속해서 초대하는 일명 '카톡 감옥' 등이다. 요즘은 교실에서 친구를 때리거나 욕을 하다 걸리면 생기부(학교생활기록부)에 기재될 수도 있다. 그래서 대놓고 폭력을 휘두르는 일은 줄었지만, 그 대신 스마트폰 메신저 앱을 이용한 집단 괴롭힘이 학교 폭력의 또 다른 모습으로 자리 잡았다. 스마트 시대가 되면서 왕따의 방법도 스마트해지고 있다. 피할 수도, 거부할 수도 없는 디지털 폭력은 정말 견디기가 고통스럽다.

시공을 초월하는 스마트폰 메신저 앱은 짧은 시간에 많은 친구들과 만남이 가능한, 새로운 시대를 열었다. 이제 아이디나 전화번호만 알면 나이나 성별에 관계없이 누구와도 쉽게 친구가 된다. 하지만 얼굴과 얼굴, 인격과 인격의 교감이 없이도 가능해진 우리 시대의 친구 관계는 '우정' 본연의 숭고함을 빠르게 잃고 있다.

Jesus, My Friend

스마트폰을 손에 쥔 우리는 언제 어디에서나 친구를 사 귈 수 있다. 그러나 친구는 한두 번의 손가락 터치로 맺어 지고 끊어질 수 있는 가벼운 관계가 아니다. 우정은 그렇게 사소한 감정이 아니다. 성경은 우정을 가치 있게 여긴다. 성 경은 모세가 기도할 때 들어 올린 팔이 내려가지 않도록 양 쪽에서 두 팔을 붙들어 준 친구들(아론과 훌)이 있었기에 아 말렉 전투의 위대한 승리가 가능했다고 이야기한다. 성경 은 바벨론의 포로였으나 사자 굴과 풀무불을 이겨 낼 만큼 강한 우정을 나눈 다니엘과 친구들(사드락, 메삭, 아벳느고)의 이름을 기록해 두고 길이길이 보존한다. 성경은 요나단과 다윗의 특별한 우정을 보여 주며 우리에게 교훈한다. 그들 은 하나의 왕좌를 사이에 둔 경쟁 관계였으나 하나님을 중 심에 모셨기에 상상 이상의 우정을 나눌 수 있었다.

"철이 철을 날카롭게 하는 것같이 사람이 그의 친구의 얼굴을 빛나게 하느니라"라는 잠언 말씀처럼, 친구들과 따 뜻한 체온을 나누며 함께 탄식하고 환호하면서 청소년기를 보낼 때 우리는 서로를 빛나게 할 것이다. 머지않은 미래에 우리는, 그 시절 친구들과 나누었던 이야기와 눈물과 토닥 거림이 우리를 이만큼 자라게 했다는 사실에 저절로 어깨가 으쓱해질 것이다.

 "사람이 친구를 위하여 자기 목숨을 버리면 이보다 더 큰 사랑이 없나니 너희는 내가 명하는 대로 행하면 곧 나의 친구라." 이것이 바로 예수님이 생각하시는 우정의 크기이다. 예수님은 우리의 친구가 되셨고, 우리를 위해 기꺼이 목숨을 버리셨다.

 친구는 가족도 아니고 연인도 아니다. 우정은 부모님을 대할 때처럼 가슴이 뭉클해지는 감정도 아니고, 이성을 생각할 때처럼 얼굴이 붉어지면서 가슴이 콩닥거리는 감정도 아니다. 친구는 비슷하지만 다르고, 각자이지만 하나인 두 인격이다. 에스파냐 철학자 발타자르 그라시안은 "친구를 갖는다는 것은 또 하나의 인생을 갖는 것이다"라고 말했다. 그의 말처럼, 우리는 친구를 통해 더 넓은 세상을 보고 또 하나의 우주를 갖게 된다.

 모든 것이 쉽고 간단해지는 시대, 우리의 우정만큼은 진중하고 책임 있고 무게 있는 것이길! 우리의 일상이 그처럼 가치 있는 친구들로 가득 채워진, 찬란한 3월이길!

 철이 철을 날카롭게 하는 것같이 사람이 그의 친구의 얼굴을 빛나게 하느니라(잠언 27:17).

사람이 친구를 위하여 자기 목숨을 버리면 이보다 더 큰 사랑이 없나니 너희는 내가 명하는 대로 행하면 곧 나의 친구라(요한복음 15:13-14).

두근두근 오디션

대한민국은 오디션 공화국

비호감 그 자체였다. 들쑥날쑥한 치열에 주눅 든 표정, 휴대 전화 판매원이라고 자기를 소개하는 모습까지. 심사 위원뿐 아니라 청중들도 심드렁한 얼굴로 그를 바라보았다. 그러나 그가 노래를 시작하자 분위기가 백팔십도로 바뀌었다. 모두들 일어나 환호하며 새로운 스타의 탄생을 축하했다. 폴 포츠가 오페라 가수로 거듭나는 순간이었다.

2007년에 시작된 영국의 텔레비전 프로그램 〈브리튼즈

갓 탤런트〉는 오디션 프로그램의 효시라고 할 수 있다. 그리고 첫해의 우승자가 바로 폴 포츠였다. 그렇게 시작된 오디션 열풍은 대한민국으로도 이어졌고, 2009년 M-net의 〈슈퍼스타 K〉를 기점으로 지금까지 그 열기가 식지 않았다. 〈슈퍼스타 K〉의 로이킴과 버스커버스커, 〈K-Pop 스타〉의 악동뮤지션, 〈쇼미더머니〉의 바비 등 오디션 프로그램은 수많은 스타를 배출했다. 슈스케 시즌 4의 경우 참가자들의 수가 무려 208만 명이었으며, 시즌 6 출신의 볼빨간 사춘기는 2018 평창 동계올림픽 폐회식 무대를 장식하기도 했다. 아이돌을 꿈꾸며 참가한 소녀부터 젊은 날의 꿈을 이루기 위해 용기를 낸 성악가까지, 꿈을 향해 도전하는 그들에게는 저마다의 이야기가 있고 그들의 이야기에는 감동이 있다. 우리가 밤늦도록 마음을 졸이며 오디션을 지켜보는 이유이다.

"어서 와! 오디션은 처음이지?"

한 오디션 프로그램의 심사 위원을 맡았던 이승철이 특유의 거만한(?) 표정으로 참가자들에게 던진 이 말은 네티즌들의 무수한 패러디를 낳았다. 참가자들의 노래 실력이나 감동적인 뒷이야기 외에도 시청자들의 눈길을 끄는 오디션의 하이라이트가 있다. 촌철살인의 심사평이다. 냉철한 독설가 이승철, 비유가 담긴 함축적 표현의 YG 양현석, 따뜻한 멘토 김태원까지. 노래가 끝난 뒤, 심사평을 기다리는 참가자들의 간절한 얼굴을 보라! 오디션 참가자들은 심사위원들의 한마디, 한순간의 표정, 손짓 한 번에 울고 웃는다. 코치 혹은 멘토라는 이름을 가진 심사 위원들은 각자의 기준을 가지고 참가자들을 평가한다.

오디션은 장기 자랑이나 발표회가 아니다. 냉엄한 기준으로 목적에 맞는 참가자들을 선발하기 위한 자리이다. 지원자는 많지만 합격자는 단 몇 사람이다. 합격자는 기쁨으로, 탈락자는 슬픔으로 눈물짓는다. 무대가 끝난 뒤 자신에게 내려진 평가는 돌이킬 수 없다. 심사 위원은 절대 권위를 가졌기 때문이다. 오디션 열풍 속에서 우리는 이런 깨달음을 얻는다. '오디션은 꿈꾸는 자들을 위한 축제이다. 꿈을 가졌는가? 오디션에 도전하라! 그러나 그 꿈을 이루는 것은 심사 기준을 통과한 소수의 몫이다!'

내 생애 마지막 오디션

여기는 페르시아 제국의 수도인 수산에 위치한 궁전. 화려한 옷과 장신구로 치장한, 빼어난 미모의 여성들이 속속 모여든다. 폐위된 왕후 와스디를 이어 제국의 새 왕후가 될 여인을 선발하는 오디션 현장이다. 제국의 왕 아하수에로는 이 오디션의 유일한 심사 위원이다. 왕후를 꿈꾸는 수많은 참가자들이 자신의 매력을 뽐냈다. 그런데 오디션 현장에서 유난히 돋보이는 여인이 있었다. 무수한 참가자들 가운데 왕의 기준대로 말하고 걷는 단 한 사람! 왕 앞에서 별처럼 빛난 이 아름다운 여인의 이름은 '에스더'('별'이라는 뜻)였다. 왕은 그녀를 선택했다. 지상 최고의 오디션을 통과한 그녀는 이제 더 이상 유대 인 고아 소녀가 아니라 대제국 페르시아의 왕후이다. 이 드라마 같은 사건은 어린이들에게 꿈을 심어 주려고 만들어 낸 신데렐라 이야기가 아니다. 에스더를 통해 이방 권력자 하만의 악한 계략으로부터 그의 민족을 구원하시려는 하나님, 그분의 놀라울 만큼 세밀한 일하심의 기록이다.

왕이 에스더를 선택한 이유가 궁금한가? 그녀는 왕의 기준이 무엇인지 알았고, 거기에 도달하기 위해 1년 동안 준비했다. 크리스천 십대들이여, 하늘 왕의 심사 기준을 아는가? 하나님의 기준으로 먹고, 마시고, 생각하고, 말하고, 행동하는가? 하나님께서 무엇을 기뻐하시는지 분별할 수 있는가? 하나님의 기준은 그분의 말씀, 곧 영감으로 기록된 성경이다! 하늘 왕의 기준을 안다면, 여러분은 선택될 것이다. 여러분은 마지막 오디션을 통과한 뒤, 하늘 왕이 허락하신 영광의 자리에 참여하리라.

어느덧 4월, 시험 기간이다. 또 한 번의 오디션이 시작된다. 5백만 명의 대한민국 청소년들이 하늘 왕 앞에서 치르는 오디션이다. 지원자는 많지만 오디션을 통과한 자는 소수일 것이다. 이맘때면 교회 학교 출석률이 뚝 떨어진다. 성적, 학원 그리고 예배. 나는 무엇을 선택할 것인가? 지금이 우리의 믿음을 테스트할 때이다. 준비되었는가? 으랏차차!

> 아하수에로 왕의 제칠년 시월 곧 데벳월에 에스더가 왕궁에 인도되어 들어가서 왕 앞에 나가니(에스더 2:16).

> 왕이 모든 여자보다 에스더를 더 사랑하므로 그가 모든 처녀보다 왕 앞에 더 은총을 얻은지라 왕이 그의 머리에 관을 씌우고 와스디를 대신하여 왕후로 삼은 후에 왕이 크게 잔치를 베푸니…(에스더 2:17-18).

Love Letter

행운의 편지를 아시나요?

2010년 10월에는 5번의 금요일, 5번의 토요일, 5번의 일요일이 있습니다. 이것은 823년 만의 일이라고 합니다. 이 소식을 좋은 사람 8명 이상에게 알려 주면 4일 안에 돈이 생긴답니다. 중국의 풍수에 기반한 내용인데 그렇게 안 하면 (행운이) 사라진답니다. 이 메시지를 보내고 부자 되세요.

문자 메시지를 확인하다가 짜증 섞인 탄식을 하게 된다. 이런 메시지들의 주요 내용은 '언제까지 몇 통의 메시지를 다른 이들에게 보내라, 그러면 행운이 올 것이지만 보내지 않으면 며칠 내로 불행한 일이 닥친다'는 식의 정중하고도 진지한 협박(?)이다. 피식 웃으며 삭제하려다가 잠시 주춤하게 만드는 메시지의 이름은 어마어마하게도 '행운의 편지'. 내가 어렸을 때에는 우편을 통해 전달되던 행운의 편지가 이제는 모바일 환경에 맞게 이메일과 문자 메시지로 변형된 것이다. 이것은 대체 누가, 언제 시작했을까?

행운의 편지는 19세기 후반에 '연쇄 편지'라는 모습으로 서양에서 등장했다고 한다. 우리나라에서는 1922년 2월 1일자 《동아일보》에 실린 '호운(好運)을 위하여 구매(九枚)의 엽서를'이라는 기사를 그 시작으로 본다. 그 무렵 미야타케 가이코츠의 《기태유행사》(奇態流行史)에도 '행운 엽서'가 소개된 것으로 보아, 이 기사에 나오는 행운의 편지는 일본을 거쳐 조선으로 유입된 것 같다.

행운의 편지를 처음 퍼뜨린 주범에 대해서는 우편물의 양을 늘리려고 체신국에서 시작했다는 설, 일거리가 없어질 것을 두려워한 우편배달부의 소행이라는 설, 타자기 판매업자가 시초라는 설 등이 난무하지만 확실하게 밝혀진

것은 없다. 처음으로 이 편지를 보내기 시작한 사람은 정말 온 인류에게 행운을 전하고 싶었을까? 아니면 그저 장난을 친 것일까? 도무지 알 길이 없다. 다만 그가 오지랖이 넓고 한가한 사람임은 분명하다. 만약 이 편지를 받은 사람이 4일 안에 8명에게 편지를 쓰고 그 8명이 또 8통의 편지를 쓴다면, 빛의 속도로 온 세계에 행운(?)이 전달될까?

From Heaven to Earth

성경은 편지이다. 신약 성경 27권 중에서 편지 형식으로 쓰인 것이 22권이나 된다. 로마의 차디찬 감옥에서도, 지중해의 고독한 섬 밧모에서도, 로마 황제의 잔혹한 핍박 속에서도 사도들은 편지를 쓰고 또 썼다. 성령의 감동으로 쓴 이 위대한 편지들은 이단의 위협과 로마의 핍박, 유대교 지도자들의 공격으로부터 교회를 지켜 냈다. 약 2,000년 전에 기록된 이 편지들은 21세기인 지금도 그리스도의 백성들을 지켜 준다. 성경은 우리에게 말한다. "너희는 우리로 말미암아 나타난 그리스도의 편지니." 우리는 세상으로 보내진 하나님의 편지이다. 세상은 우리의 표정, 말, 생각, 몸짓을 통해 하나님의 마음과 그리스도의 사랑을 읽는다. 편지는

'누군가' 보내온 이야기이며, '누군가에게' 보낸 이야기이다. 간절함으로 써서 보낸 이가 있고 반드시 받아 읽어야 할 이가 있기에 편지는 역동적이다. 읽히지 못한 편지만큼 안타까운 것이 있을까? 우리는 하늘에서 우리에게 발송한 이 편지를 또 다른 누군가에게 전달해야 한다. 하늘의 편지인 성경은 알 수 없는 이가 장난삼아 시작한 행운의 편지가 아니다. 성경은 허황된 '행운'이 아니라, 온 인류에게 '복음'을 전해 준다. 이것이 바로 이 편지가 열방으로 신속하게 전달되어야 하는 이유이다.

십대, 러브 레터를 쓰다

5월은 화려한 달이다. 5일 어린이날, 8일 어버이날, 11일 입양의 날, 14일 로즈 데이, 15일 스승의 날, 21일 성년의 날 등 기념일이 가득하다. 백화점, 선물, 향수, 카네이션, 장미가 연상되는 5월! 하지만 어린이도 아니고 어른도 아닌, 그렇다고 선생님이나 부모는 더더욱 아닌 우리 십대들에게 5월은 참 생뚱맞고 어정쩡한 달이기도 하다. 우리와 아무 관계가 없는 날들을 축하하고 기뻐하는 사람들을 향해 괜한 짜증을 부리는 대신, 우리가 직접 5월의 편지가 되자.

중간고사 성적표를 받고 어깨가 축 늘어진 단짝 친구에게, 어느새 흰머리가 늘어 가는 엄마께, 존경하는 우리 반 호랑이 선생님께, 말썽꾸러기 초딩 동생에게, 이제 성인이 된 언니에게 사랑의 편지를 전해 주자. 이메일 또는 문자 메시지 대신 종이에 손으로 꾹꾹 눌러쓴 편지를 건네 보면 어떨까? 뭐라고 써야 할지 고민이라고? "사랑해요!" 이 한마디면 충분하지 않을까?

> 항상 우리를 그리스도 안에서 이기게 하시고 우리로 말미암아 각처에서 그리스도를 아는 냄새를 나타내시는 하나님께 감사하노라 우리는 구원받는 자들에게나 망하는 자들에게나 하나님 앞에서 그리스도의 향기니(고린도후서 2:14-15).

> 너희는 우리의 편지라 우리 마음에 썼고 뭇사람이 알고 읽는 바라 너희는 우리로 말미암아 나타난 그리스도의 편지니 이는 먹으로 쓴 것이 아니요 오직 살아 계신 하나님의 영으로 쓴 것이며 또 돌판에 쓴 것이 아니요 오직 육의 마음판에 쓴 것이라(고린도후서 3:2-3).

교복, 우리의 채색옷

스쿨룩의 완성

"다리가 길어지는 교복! 몸매가 날씬해 보이는 교복!"이라는 광고에 필을 받아 선택했건만……. 아! 교복을 입은 아이돌 스타들과 나는 왜 이렇게 차이가 날까(ㅠㅠ)?

십대들의 일상복인 교복. 외모에 대한 관심이 높아지면서, 자연스럽게 교복에 대한 관심도 높아지고 있다. 십대라면 좀 더 스타일리시하고 좀 더 핏을 살릴 수 있는 교복을 고르고 싶은 마음은 당연할 터이다.

우리나라 최초의 여학생 교복은 다홍색 무명 치마저고리였다는 사실을 아는가? 최초의 남학생 교복은 검은 양복이었는데, 앞자락과 소매 끝에는 태극을 상징하는 청홍색 선을 둘렀다. 일제 강점기에는 전쟁을 치르던 일본의 강요로 군복 형태의 교복을 입었다. 국방색(육군의 군복 빛깔과 같은 카키색이나 어두운 녹갈색) 교복에 각반(발목에서부터 무릎 아래까지 돌려 감거나 싸는 띠)을 찼으니, 그야말로 원조 밀리터리 스쿨룩인 셈이다.

학교마다 교복에 관한 규정이 있다. 그런데 〈꽃보다 남자〉나 〈드림 하이〉에서 본 여배우들의 교복 치마에 영향을 받은 탓일까? 교복 치마를 정해진 길이보다 짧게 줄여 입고 다니기 위한 여학생들의 노력이 참으로 눈물겹다. 허리를 접어서 입는 것은 기본, 아예 세탁소에 맡겨 길이를 줄이기도 한다. 심지어 학교의 단속을 피해 짧은 치마와 긴 치마를 따로 가지고 다니기까지 한단다. 이를 지켜보는 부모님들과 선생님들의 고민도 이만저만이 아니다.

점점 짧아지는 교복 치마 길이에는 성적과 입시의 스트레스에서 벗어나고 싶은 십대들의 마음이 담겼다. 모두에게 같은 복장을 강요하는 어른들의 권위적인 태도에 대한 저항의 표시이기도 하다.

옷과 정체성

교복은 우리가 십대요, 학생임을 나타내는 정체성의 상징이다. 어디 교복뿐인가? 푸른 제복은 군인의 신분을 상징하고, 흰 가운은 생명을 다루는 의사의 신분을, 검은 법복은 법을 집행하는 법관의 신분을 드러낸다. 아이돌은 화려한 무대 의상을 입고, 운동선수는 기록을 단축시키고자 초경량 유니폼을 입는다. 옷은, 입은 사람의 정체성을 표현한다. 같은 옷을 입은 무리는 같은 생각과 같은 행동을 한다. 평범한 청년도 사관생도의 제복을 입는 순간, 절도 있고 패기 넘치게 행동하기 시작한다. 반대로 젠틀하고 댄디한 사람도 예비군복을 입는 순간, 무질서하고 흐트러진 행동을 한다. 주일에는 교회에서 신실하게 하나님을 찬양하고 예배했던 친구가, 다음 날 교복을 입고 학교에 가는 순간 예수님을 모르는 친구들과 똑같이 말하고 똑같이 행동한다. 그렇다. 옷은 그 옷이 상징하는 신분에 걸맞은 행동을 하게 만드는 힘을 지녔다.

요셉, 채색옷을 입은 우리의 친구

요셉은 어디서나 눈에 띄었다. 그가 입은 채색옷 때문이

다. 과하게 화려하고 블링블링한 이 옷은 왕족이라면 모를
까, 서민들에게는 전혀 어울리지 않았다. 아버지 야곱이 열
두 형제 중에서 오직 요셉에게만 입혀 준 이 옷은, 그가 아
버지의 특별한 사랑을 받는 존재임을 나타냈다. 요셉을 질
투한 형들이 그를 미디안 상인들에게 팔 때 이 채색옷을 찢
어 버린 이유가 이해되기도 한다. 요셉은 채색옷을 어떻게
생각했을까? 아마 개성을 존중받고 싶으면서도 남들과 별
다른 취급을 받기 싫어하는 십대의 요셉은 채색옷을 정말
부담스러워했을 것이다.

　　그런데 놀랍지 않은가? 육신의 아버지인 야곱의 특별한
사랑이 요셉에게 화려한 채색옷을 입혔고, 하나님 아버지
의 특별한 사랑은 요셉에게 애굽 총
리의 화려한 의복을 입혔으니 말
이다. 애굽 총리의 옷을 입은 요
셉은 자신의 채색옷을 찢은 형제들
을 용서했고, 그들뿐 아니라 자신
의 민족 전체를 구했다. 비록 채색
옷은 찢겼지만 요셉은 여전히 특별
한 존재였다. 요셉이 특별한 이
유는 그가 입은 채색옷 때문이

아니라 하나님의 특별한 사랑 때문이다.

그렇다. 옷은 특정한 신분을 상징하기도 하지만, 옷이 우리의 신분을 바꾸지는 못한다. 똑같은 교복을 입고 있어도 우리는 하나님의 구별된 자녀이고, 그리스도의 특별한 제자들이다. 나를 드러내기 위해 멋진 교복을 선택하고 치마 길이를 줄이는 십대들이여! 우리는 하늘 아버지의 특별한 사랑을 받고 있기에 이미 특별한 존재임을 기억하자. 우리는 눈에 보이지는 않지만 가장 화려하고 가장 존귀한 '의와 생명의 채색옷'을 입고 있다. 예수 그리스도가 우리에게 그 옷을 주셨기 때문이다. 세상이 하나님의 사랑을 질투해 우리의 채색옷을 빼앗고 찢고 더럽힌다 해도 우리의 신분은 결코 변하지 않는다는 사실을 기억하자! 새 학기, 새 교복을 준비하며 우리의 진짜 신분을 드러낼 의의 옷을 준비하는 지혜가 우리에게 있길!

> 요셉은 노년에 얻은 아들이므로 이스라엘이 여러 아들들보다 그를 더 사랑하므로 그를 위하여 채색옷을 지었더니(창세기 37:3).

> 장로 중 하나가 응답하여 나에게 이르되 이 흰옷 입은 자들이 누구며 또 어디서 왔느냐 … 그들이 하나님의 보좌 앞에 있고 또 그의 성전에서 밤낮 하나님을 섬기매 보좌에 앉으신 이가 그들 위에 장막을 치시리니(요한계시록 7:13, 15).

편의점, for You

편의점, 불가능은 없다!

뜨거운 어묵 국물에 바삭한 치킨은 물론 돈가스와 족발에 이르는 초호화 먹거리들로 가득한 곳! 칫솔과 가글액(구강 청결제), 샴푸와 헤어 왁스, 양말에 속옷까지 준비되어 있는 곳! 153 볼펜(1963년 5월 1일에 첫선을 보였다고 한다!)에서부터 A4 용지와 딱풀에 선물 포장지도 있는 곳! 그뿐인가? 복권도 살 수 있고, 심지어 명품도 살 수 있으며, 택배도 보낼 수 있고, 현금이 없다면 티머니 카드로 깔끔하게 결제할 수 있는 곳! 어두운 밤에 유난히 밝게 빛나는 간판, 통유리 건너편으로 들여다보이는 다양한 먹거리와 생필품! 날마다 24시간 열려 있어 언제든 우리에게 필요한 것들을 구할 수 있는 환상의 장소!

그렇다. 여기는 편의점이다! 아직도 삼각 김밥에 컵라면만 떠올린다면 그대는 과거에서 타임머신을 타고 온 것이 분명하다.

서울 올림픽 대회 직후인 1989년, 세븐일레븐 1호점이 올림픽 선수촌에 입점하면서 편의점(CVS, convenience store) 시대가 열렸다. 그로부터 25년이 훌쩍 지난 지금, 대한민국은 인구 대비 편의점 수가 세계에서 가장 많은 나라가 되었다. 우리나라에서는 하루 평균 880만 명이 CU, GS25, 세븐일레븐, 미니스톱, 스토리웨이 등 다양한 편의점을 이용한다. 2007년에는 GS25가 마라도에 입점했고, 2008년과 2010년에는 울릉도와 백령도에도 편의점이 생겼다. 이제 개성 공단에서 마라도에 이르기까지, 대한민국 땅에 편의점이 진출하지 않은 곳은 더 이상 없다!

우리는 등굣길에 편의점에서 아침 식사를 해결하고, 수업 준비물을 사고, 늦은 귀갓길에 밤참을 사 먹는다. 스마트폰을 충전할 수도 있고, 현금을 인출할 수도 있으며, 방학이 되면 아르바이트도 할 수 있으니, 십대인 우리에게 편의점은 사막의 오아시스나 다름없다!

잠들지 않는 편의점

언제였을까? 밤늦은 시각, 한 편의점 앞에서 걸음을 멈추고 오랫동안 서 있던 날이 떠오른다. 어둠 속에서 유난히 밝게 보이던 편의점 간판과, 그 간판에 적힌 "CVS for You"라는 글을 바라보며, 24시간 언제든지 불을 켜 둔 채로 당신을 기다리겠다는 메시지에 가슴이 뭉클했다. 유리창 안으로는 텅 빈 편의점을 홀로 지키는 알바생이 보였다. 한밤의 추위를 피해 잠시 들어온 나그네의 몸을 녹여 주기 위해, 엄마에게 대들고 집을 나왔다가 다시 들어가기가 망설여지는 중딩 친구의 주린 배를 채워 주기 위해, 퇴근이 늦어져 아내의 생일 선물을 사지 못한 남편의 늦은 생일 파티 준비를 돕기 위해, 편의점은 그렇게 불을 밝히고 있었다. 원하면 언제든 찾아갈 수 있고 원하는 것은 무엇이든 구해 주는 편의점. 편의점이 그런 존재가 된 것은, 찾는 사람이 아무도 없을 때조차 한결같이 그 자리를 지키는 누군가의 수고가 있기 때문이다.

모세와 함께 홍해를 건너 사막에 도달한 이스라엘. 하나님은 구름 기둥과 불 기둥을 보내어 낮에도, 밤에도 그들을 인도하셨다. 시편에는 놀랍고도 아름다운 말씀이 있다. "이스라엘을 지키시는 이는 졸지도 아니하시고 주무시지도 아니하시리로다." 이 노래는 하나님의 신실하심에 대한 깊은 신뢰와 믿음의 고백을 담았다. 여호와는 꺼지지 않는 편의점의 불빛처럼, 그 백성을 지키기 위해 언제나 같은 자리에서 기다려 주시는 분이다. 시간과 공간을 초월하는 하나님의 품은, 필요한 모든 것이 준비된 무한 공급의 장소이다. 잠들지 않는 사랑과 한결같은 신실함으로 언제나 우리 곁에 계신 하나님, 우리가 그분을 구할 때뿐 아니라 그분을 찾지 않을 때에도 여전히 나를 위해 모든 것을 준비하시는

하나님! 그 하나님이 우리의 아버지라는 사실이 얼마나 든든한지. 그렇게 어두운 밤을 밝혀 주시는 그분처럼, 주님의 백성인 우리 역시 꺼지지 않는 기도의 불빛이 되자. 시들지 않는 사랑과 열정으로 세상을 향해 불을 밝히자. 그래서 크리스천인 우리의 존재 자체가 이 어두운 세상을 향한 조용하고도 진실된 고백이 되길. For You!

여호와께서 그들 앞에서 가시며 낮에는 구름 기둥으로 그들의 길을 인도하시고 밤에는 불 기둥을 그들에게 비추사 낮이나 밤이나 진행하게 하시니 낮에는 구름 기둥, 밤에는 불 기둥이 백성 앞에서 떠나지 아니하니라 (출애굽기 13:21-22).

이스라엘을 지키시는 이는 졸지도 아니하시고 주무시지도 아니하시리로다(시편 121:4).

패밀리 레스토랑이 떴다!

패밀리 & 레스토랑

기념일로 가득한 5월, 가족과 함께 한 번쯤은 찾게 되는 곳이 패밀리 레스토랑이다.

뉴욕에서 시작된 T.G.I. 프라이데이스가 1992년 3월, 서울 양재동에 상륙했다. 직원들이 생일을 맞이한 고객의 테이블에 둘러서서 탬버린을 치며 축하 노래를 부르는 모습이나, 식탁에 앉은 고객과 눈높이를 맞추기 위해 쭈그려 앉아 주문을 받는 서비스는 우리에게 신선한 충격을 주었다.

이를 시작으로 본격적인 패밀리 레스토랑 시대가 문을 열었다. 아웃백 스테이크하우스에서는 3주 이상 숙성 기간을 거친 육질이 연한 스테이크와, 신선한 과일을 직접 짜서 만든 주스를 즐길 수 있다. 빕스는 파스타와 치킨에다 폭립까지 갖춘 화려한 샐러드 바를 앞세우며 대표적인 토종 패밀리 레스토랑의 자리를 굳건하게 지키고 있다. 그뿐인가. 베니건스, 차이나팩토리, 블랙스미스, 애슐리, 세븐스프링스, 매드포갈릭 등등 다양한 메뉴와 특별한 서비스를 갖춘 패밀리 레스토랑들이 속속 등장했다. 각종 멤버십과 마일리지로 혜택을 받고, 제휴 신용 카드와 통신사 포인트로 할인받는 재미도 쏠쏠하다.

자장면이나 피자는 5분만 늦게 배달되어도 짜증 내는 사람들이 패밀리 레스토랑 입구에서는 1시간씩 기다려도 즐거운 표정이다. 왜냐고? 가족과 함께하는 패밀리 레스토랑이니까! 그것이 가족의 특별함이니까!

같이 먹으니까 가족이다

가족을 다른 말로 '식구'(食口)라고 한다. 먹을 '식'에 입 '구'가 더해져 만들어진 단어이다. 따라서 가족은 글자 그대로 '같이 먹는 사람들'이다. 한솥으로 지은 밥을 나누어 먹고 찌개가 담긴 냄비에 같이 숟가락을 담근다는 것은, 가족이 혈연으로 연결된 특별한 관계라는 의미이다. 세계에서 둘째가라면 서러울 정도로 바쁜 대한민국의 청소년들은 식구들과 밥을 같이 먹기가 참 힘들다! 어렸을 때에는 그렇게 가깝던 부모님, 형제와의 관계가 청소년기로 접어들면서 서먹해지는 이유도 어쩌면 여기에 있을 것 같다.

가족이 함께 얼굴을 마주하며 한솥밥을 나누어 먹는 일이 뜸해질수록 가족에 대한 친밀감은 점점 약해진다. 그러다 보면 자연스럽게 관계가 소원해지면서 서로를 이해하지 못하며, 가족에 대해 부정적인 인상을 갖게 된다. 이것저것 시키기만 하는 오빠, 내 물건을 마치 자기 것인 양 맘대로 쓰는 무개념 동생, 항상 컴퓨터를 독차지하는 욕심 대마왕 형, 자기 물건은 절대로 빌려주지 않는 까칠 마녀 언니, 언제나 무표정한 아빠, 무한 반복 잔소리의 대가인 엄마……. 청소년들이 가족 모임, 가족 여행, 가족 캠프, 가족 식사, 가족 예배에 흥미를 보이지 않는 것도 어쩌면 당연한 일 아닐까? 엄마와 아빠보다 친구들이 더 좋고 언니와 동생보다 스마트폰이 더 좋은 우리 청소년들에게 과연 가족이란 어떤 의미일까?

패밀리 레스토랑 in Heaven

예수님은 메시아의 사명을 완수하기 위해 30년간 함께 밥을 먹던 가족의 곁을 떠나셔야만 했다. 예수님이 온 세상을 구원하기 위해 하신 위대한 일 중에는 죄인들과 함께 식사하신 것도 포함된다. 예수님은 가족에게조차 외면을 당하던 그들과 기꺼이 같은 식탁에 앉으셨다. 마태복음 9장 10절은 이렇게 말한다. "예수께서 마태의 집에서 앉아 음식을 잡수실 때에 많은 세리와 죄인들이 와서 예수와 그의 제자들과 함께 앉았더니."

예수님이 죄인들과 같이 먹는 것을 보고 비난하던 바리새인들은 오히려 예수님께 호된 책망을 받았다. 그분은 "내 아버지의 뜻대로 하는 자가 내 형제요 자매요 어머니이니라"라고 하시며 가족의 참의미를 밝혀 주셨다.

죽음을 앞둔 예수님이 마지막으로 하신 일을 기억하는가? 그분은 영적 가족인 열두 제자와 식사하셨다. 레오나르도 다빈치의 그림 〈최후의 만찬〉에서 볼 수 있는 것처럼 비록 마른 빵과 포도주뿐인 식탁이었지만, 예수님의 십자가 사랑이 가득한 마지막 만찬은 어떤 패밀리 레스토랑의 신 메뉴보다 화려하고 풍성했다.

성경의 맨 뒤에 있는 요한계시록은 예수님이 다시 오셔

서 우리를 천국 잔치에 초대하실 것이라고 약속한다. 아! 그 천국에서 우리가 하게 될 일 역시 주님과 함께 먹는 일이다. 말 그대로 천국 패밀리 레스토랑인 셈이다. 그날, 우리 하나님이 크게 한턱 쏘실 것이다! 카드나 포인트 할인도 필요 없고 줄을 서서 기다릴 필요도 없다! 하나님의 자녀인 우리는 가장 좋은 자리에서 영적 가족과 함께 최고의 만찬을 즐길 것이다.

5월, 영적 가족인 우리 교회 중고등부 친구들과 함께 매주 드리는 예배가 천국의 식탁을 맛보며 영적으로 배부른 시간이 되길! 우리 교회가 천국 패밀리 레스토랑의 지점이 되길! 패밀리 레스토랑 인 헤븐에 오신 여러분을 진심으로 환영합니다!

> 손을 내밀어 제자들을 가리켜 이르시되 나의 어머니와 나의 동생들을 보라 누구든지 하늘에 계신 내 아버지의 뜻대로 하는 자가 내 형제요 자매요 어머니이니라 하시더라(마태복음 12:49-50).

> 그들이 먹을 때에 예수께서 떡을 가지사 축복하시고 떼어 제자들에게 주시며 이르시되 받아서 먹으라 이것은

내 몸이니라 하시고 또 잔을 가지사 감사 기도 하시고 그들에게 주시며 이르시되 너희가 다 이것을 마시라(마태복음 26:26-27).

Summer

여름, 파란 하늘과
오래도록
함께하는 날들

리얼의 법칙

리얼(real) 버라이어티가 좋다

2006년 5월 6일. M본부는 각본대로 움직이는 기존의 방식과 차별화된 새로운 예능 프로그램을 시작했다. 이 프로그램이 바로 '무도'라는 애칭으로 불리는 〈무한도전〉이다. 대한민국 예능의 본격 리얼 버라이어티 시대를 연 〈무한도전〉은 최고 시청률 36%를 기록하며 많은 사람들에게 사랑을 받았다.

이후 리얼 버라이어티의 계보는 K본부의 〈1박 2일〉과 S

본부의 〈런닝맨〉을 비롯해 〈진짜 사나이〉, 〈슈퍼맨이 돌아왔다〉, 〈윤식당〉, 〈나혼자 산다〉, 〈신서유기〉 등으로 이어졌고, 이 프로그램들은 시청률 고공 행진을 이어 가는 중이다. 지상파 방송뿐 아니라 종편 방송과 케이블 방송에서도 다양한 소재의 리얼 버라이어티 프로그램이 쏟아진다. 이처럼 리얼 버라이어티는 예능의 대세로 확고하게 자리 잡았다.

화려한 무대 의상 대신 트레이닝복을 걸친 스타들의 모습, 방송국 세트가 아니라 자연 속에서 돌발적으로 벌어지는 상황, 여자 연예인들이 과감하게 화장을 지우고 민낯으로 텐트에서 잠든 모습……. 이와 같은 자연스러움과 소탈함에 시청자들은 신선한 재미를 느꼈다. 몸치 연예인들이 수개월 동안 댄스를 배우는 과정과 완전히 새로워진 모습으로 선보이는 공연, 급조된 합창단의 오합지졸 단원들이 오랜 기간의 연습으로 이루어 낸 아름다운 하모니, 정글에서 음식을 구하려고 나무에 기어오르며 야생 동물을 쫓는 연예인의 치열하고 진지한 모습은 단순한 재미를 넘어 가슴을 뭉클하게 한다. 스타들의 생생한 모험과 좌충우돌 펼치는 리얼한 도전은 '그들도 우리와 똑같은 사람이라는 공감'을 불러일으키며 웃음과 눈물을 준다.

레알 리얼?

그렇다고 모든 예능 프로그램이 장수한 것은 아니다. 어떤 프로그램은 출연자들의 대사가 적힌 대본이 공개되면서 논란 끝에 급기야 폐지되었고, 정글을 배경으로 제작된 인기 절정의 프로그램 역시 조작이 아니냐는 구설수에 휘말렸다. '리얼 예능'의 진정성에 대한 논란이 일어난 것이다. 방송 제작자들은 예능에서 100% 리얼이 불가능하다고 말한다. 현장의 상황이나 재미를 극대화하기 위해 어느 정도 연출이 개입된다는 뜻이다. 솔직히 100% 리얼은 재미가 없다. 다큐멘터리가 아닌 이상, 예능 프로그램은 재미가 있어야 한다. 그래서 시청자들의 선택을 받기 위해 어느 정도 연출을 해야 하는 방송사들의 고민을 충분히 공감할 수 있다. 하지만 리얼 버라이어티에 열광했던 시청자들은 '리얼'(real)이 아니라는 사실을 안 순간 당황스럽고 무언가 속은 듯한 느낌을 받는다. 리얼리티를 강조하는 프로그램이 '리얼함'을 잃는 순간 시청자들은 기대감과 호기심 그리고 흥미를 잃는다. 조작 논란에 휩싸인 프로그램들의 홈페이지에 배신감을 토로하는 네티즌들의 글이 줄을 잇는 것은 당연하다. 이쯤 되면 우리는 텔레비전 앞에서 이렇게 말할 것이다. "대체 어디까지가 레알(진짜)이야?"

리얼은 생명이다!

리얼 버라이어티를 표방하는 예능이 진짜 '리얼'이기를 바라는 것처럼, 우리는 진정성을 원한다. 영화도, 드라마도, CF도 리얼이 아니라 만들어진 이야기임을 우리는 안다. 잘 짜인 대본과 설정된 상황에서 흘리는 눈물은, 배우의 연기가 아무리 뛰어나다 해도 진짜 눈물보다 감동을 줄 수는 없다. 컴퓨터 그래픽스(CG) 기술이 아무리 발전해도 몸으로 부딪히며 만들어 내는 영상보다 아름다울 수는 없다. 우리의 삶이 '리얼'이기 때문이다. 세상은 진정성을 원한다. 진짜 땀과 진짜 눈물을 보고 싶어 한다. 계획된 웃음과 만들어 낸 이야기로는 더 이상 감동을 주지 못한다.

세상이라는 이름의 시청자들 앞에서 크리스천인 우리의 삶은 '리얼 버라이어티'이다. 즉, 우리의 삶은 실제 상황이다. 세상이 우리에게 기대하는 것은 가식이 아니다. 착한 척, 겸손한 척, 사랑하는 척, 섬기는 척은 이제 그만! 깨끗한 척, 의로운 척, 거룩한 척 연기는 더 이상 하지 말자! 거짓은 통하지 않는다. 세상은 우리에게 속지 않는다. 리얼 크리스천에게 연기는 필요 없다. 리얼 버라이어티 조작 논란은, 삶에 진정성이 담기지 않으면 결국 외면당하고 만다는 교훈을 준다.

세상에 크리스천의 '리얼 라이프'를 보여 주자. 크리스천들을 지켜보고 있는 세상의 시청자들에게 우리의 삶으로 진정성을 보여 주자. 진짜 사랑, 진짜 눈물을 보여 주자. 몸으로 부딪히며 가슴으로 섬기자. 비록 우리 삶이 거룩하지 않고 세련되지 않아도, 때로는 실수하고 넘어진다 해도, 우리 표정에 진정함이 묻어나고 우리 눈빛에 진실함이 담겨 있다면, 그 모든 것이 합력해 감동을 전할 것이다. 그게 리얼의 힘이니까!

> 자녀들아 우리가 말과 혀로만 사랑하지 말고 행함과 진실함으로 하자(요한일서 3:18).

> 이같이 너희 빛이 사람 앞에 비치게 하여 그들로 너희 착한 행실을 보고 하늘에 계신 너희 아버지께 영광을 돌리게 하라(마태복음 5:16).

홀리 다이어트

청춘은 출출해

아무리 먹어도 여전히 출출하기만 한 우리 청춘들! 토요일 하루 동안 무엇을 먹었는지 떠올려 보자. 아침에는 엄마표 김치볶음밥에 후식으로 수정과 한 잔과 새콤한 사과 한 알을, 점심에는 햄이 듬뿍 들어 있는 부대찌개에 밥 한 공기를 뚝딱 해치운 뒤 콜라 한 잔으로 입가심을, 간식으로는 새우 버거와 프라이드 포테이토를. 참, 프라이드 포테이토는 케첩을 듬뿍 찍어야 제맛! 저녁에는 돈가스에 해파리

냉채 그리고 고소한 새우튀김을. 학원 가는 길에는 친구랑 포장마차에서 수다 떨며 김밥과 떡볶이와 순대를. 김떡순은 언제 먹어도 짱이야! 늦은 밤, 아빠가 밤참으로 사다 주신 치킨도 완전 맛있었지. 아, 배부르다. 이렇게 하루 동안 내가 섭취한 음식의 열량은? 두둥, 무려 4,215kcal!

청소년의 1일 열량 권장량은 남자가 2,500kcal, 여자가 2,000kcal라고 한다. 그러니 필요 이상으로 섭취한 1,715~2,215kcal는 고스란히 뱃살이 되고, 허벅지와 팔뚝에 오밀조밀 들러붙었을 거야, 흑흑! 태양의 계절 여름. 이제는 더 이상 옷으로 몸매를 가릴 수 없다. 그동안 차곡차곡 쌓아온 살들과 작별해야 할 때이다. 언젠가 인터넷에서 본 걸그

룹의 식단을 떠올리며, 하루에 오이 반쪽과 방울토마토 5개만 먹는 한이 있더라도 기필코 5kg을 빼리라 굳게 결심한다. 이처럼 다이어트에 도전하지만, 그 성과는 언제나 변변하지 않다. 모든 다이어터(dieter)들의 고뇌에 찬 탄식은 이것이다. "먹느냐 참느냐, 이것이 문제로다!"

먹지 말아야 할 음식이 있다?

다음 중 먹으면 안 되는 음식을 고르시오.

①순대볶음 ②장어덮밥 ③매운 족발 ④추어탕

입맛을 다시면서 "정답 없음!"이라고 자신 있게 말하는 그대! 하지만, 그대가 모세와 함께 애굽을 탈출한 이스라엘 백성이라면 이야기가 달라진다. 비늘이 없는 장어와 미꾸라지 그리고 돼지고기는 성경에서 말하는 '금지된 음식'의 대표 주자들이다. 말 그대로 '그림의 떡'인 셈이다. 성경은 무엇을 먹어도 되고 무엇을 먹으면 안 되는지 상세하게 알려 준다. 하나님께서 친히 편식 리스트를 주신 셈이다. 하나님께서 애굽을 탈출해 가나안으로 향하는 이스라엘 백성에게 먹어도 되는 것과 먹으면 안 되는 것에 대한 기준을 주시고 그것을 지키도록 요구하셨다니, 참으로 의미심장한 일이 아닐 수 없다.

그렇다! 거룩한 하나님을 섬기는 백성은 우상을 섬기는 이방인들과 모든 면에서 달라야 했고, 먹는 문제에서는 더더욱 그래야 했다. 당시에 이방인들이 먹는 음식은 그들의 신에게 지내는 제사 의식과 밀접한 관련이 있었기 때문이다. 세상과 구별되는 것, 그것이 바로 '거룩'이다. 거룩은 먹을 수 있는 것과 먹을 수 없는 것을 구분하는 일에서부터 출발한다. 거룩은 하늘의 기준을 내 행동의 원리로 삼고, 하나님의 명령을 내 삶과 판단의 잣대로 정하는 것이다. 거룩은 이스라엘 백성의 정체성이었으며, 영적 이스라엘 백성인 우리의 정체성이기도 하다.

거룩한 편식

"사람이 떡으로만 살 것이 아니라 하였느니라!" 광야에서 금식하시던 예수님이 먹을 것으로 시험하는 사탄에게 던지신 돌직구를 기억하는가? 40일 동안의 금식으로 그분의 육체는 연약해졌으나 그분의 영혼은 맑고 강인했다. 하나님의 사람은 결코 떡으로 살지 않는다. 하나님의 말씀으로 산다! 하나님의 백성들은 세상의 떡으로 배를 채워서는 안 된다. 성적이라는 이름의 떡과 쾌락이라는 이름의 떡으로 살쪄서는 안 된다. 탐욕의 살을 빼고 오직 여호와의 말씀으로 배부른 진리의 십대가 되자! 거룩한 하나님이 우리의 아버지라면, 그분의 자녀인 우리도 마땅히 거룩해야 한다. 그대는 영혼을 해롭게 하는 세상의 열량으로 비만 상태에 있지는 않은가? 하나님의 백성이 먹어서는 안 되는 것들에 군침을 흘리고 있지는 않은가? 거룩한 그리스도의 제

자라면 가져서는 안 되는 것들에 마음을 빼앗기고 있지는 않은가? 콜라병 몸매, 명품 보디라인, 초콜릿 복근, 브이 라인…… 그대는 눈에 보이는 세상의 가치들에만 집중하고 있지는 않은가? 오늘을 사는 십대들이여, 거룩한 편식으로 영혼을 강하게 하라! 세상의 부정한 가치관들에 대해 금식을 선포하라! 거룩한 다이어트로 오염된 가치들을 거부할 때, 내면에 진정한 아름다움이 넘치는 명품 영혼의 크리스천이 되리라! Let's Diet!

이스라엘 자손에게 말하여 이르라 육지의 모든 짐승 중 너희가 먹을 만한 생물은 이러하니(레위기 11:2).

나는 여호와 너희의 하나님이라 내가 거룩하니 너희도 몸을 구별하여 거룩하게 하고…(레위기 11:44).

검색의 세대

네이버에 물어봐!

"식당이 참 많네. 어디가 맛집이지?"

"우리, 영화 볼까? 주말에 개봉하는 영화가 뭐야?"

"숙제를 하려면 무슨 책을 참고해야 할까?"

이 모든 질문에 대한 답은 단 하나이다.

"네이버에 물어봐!"

우리의 모든 궁금증을 해결해 주는 만능 해결사가 있으니, 그 이름은 검색 엔진이다. 사람들이 오늘 가장 많이 본

뉴스나 휴가 때 여행지로 어디가 좋은지를 비롯해 좋아하는 사람에게 잘 보이는 법, 여드름을 빨리 없애는 법, 라면을 맛있게 끓이는 법까지 검색창에 입력만 하면 끝! 램프의 요정 지니처럼 세상의 모든 지식을 한 방에 가져다주는 검색 엔진은 이제 우리 삶에서 떼려야 뗄 수 없는 존재이다.

2017년, 글로벌 조사 기관인 스탯카운터(statcounter)의 발표에 따르면 세계인이 가장 많이 사용하는 검색 엔진 순위의 압도적 1위는 전체 사용자의 92.18%를 차지하는 구글(Google)이다. 2위 빙(Bing)이 2.71%, 3위 야후(Yahoo)가 1.94%로 그 뒤를 쫓고 있지만 1위와의 차이는 넘사벽! 대한민국은 네이버(Naver)가 1위이고 다음(Daum)이 2위를 지키고 있다. 세계 1위인 구글은 한국에서 3위에 그치고 있으며 그 뒤를 네이트(Nate)가 잇는다. 점유율이 이렇다 보니 네이버나 구글의 파워는 어마어마하다. 검색 엔진 종결자 구글은 전 세계 모바일 광고 시장의 50%를 점유하고, 국내 1위 네이버의 경우 파워 블로거가 올리는 맛집 정보나 실시간 검색어 순위가 대한민국 네티즌들을 들었다 놓았다 한다. 컴퓨터만이 아니라 스마트폰으로도 인터넷에 접속할 수 있게 되면서 우리는 더 많이, 더 자주, 더 쉽게 검색 엔진을 찾는다. 그렇다! 오늘날은 생각하지 않아도 되는 세상이다. 우리에게는 검색 엔진이 있으니까!

검색은 있지만 사색은 없다

친구들끼리 열띤 회의를 하던 중이었다. 어떤 의견이 나오면 그와 관련된 정보를 실시간으로 검색해서 우렁찬 목소리로 알려 주던 친구가 있었다. 그런데 어느 순간 그 친구가 입을 굳게 다물었다. 궁금해진 우리가 왜 그러냐고 묻자 이렇게 답했다.

"배터리가 나갔어."

스마트폰 배터리가 방전되자 더 이상 인터넷 검색 엔진에 접속할 수 없었고, 그 순간부터 우리는 바보가 되었다. 검색이 빠진 우리의 지식과 생각은 참으로 보잘것없었다. 어느새 우리는 머리로 생각하는 대신 손끝으로 검색하는 것에 익숙해져 버렸다.

철학자 데카르트는 이렇게 말했다. "나는 생각한다, 고로 존재한다!" 그러나 생각하고, 탐구하고, 기억하고, 고민하고, 토론하는 시대는 지난 듯하다. 이제 지식을 얻는 방법이 달라졌다. 모든 정보는 인터넷에 있고, 검색 엔진을 통해 언제든 어디에서든 LTE 급 속도로 내려받을 수 있다. 그러니 고민할 필요도 없고, 기억할 필요도 없겠지. 따라서 생각할

필요도 없겠지. 그런데 데카르트 할아버지의 말대로라면, 생각하지 않는 우리는 존재하지도 않는 것 아닐까?

생각한다, 고로 존재한다

바울은 복음을 들고 여러 나라를 다녔지만, 그중에서도 베뢰아 사람들은 그동안 만났던 사람들과 달랐다. 베뢰아 사람들은 간절한 마음으로 말씀을 들었고, 이것이 그러한 가 하여 날마다 성경을 상고했다. '상고'(examine)라는 말은 '탐구한다, 연구한다, 면밀히 조사한다'는 뜻이다. 하나님의 말씀을 깊이 탐구했던 그들은 마침내 구원에 이르는 진리에 도달했다. 사색의 결과로 얻은 지식이야말로 영원하고 가치 있는 것이다. 시편 기자는 말씀을 즐거워하면서 밤낮으로 묵상하는 사람이 '복 있는 사람'이라고 노래한다. 마우스를 움직이며 인터넷 검색으로 보내는 시간 중 10분의 1이라도 떼어 성경을 묵상한다면, 우리 삶은 얼마나 복되고 기쁠 것인가!

이제 세상의 검색창을 잠시 닫고, 묵상과 사색의 창을 열어 보자. 세상을 바꾸는 지식, 내 인생을 걸어도 좋을 진리는 절대 손끝으로 검색되지 않는다. 우리의 영원을 결정짓는 영원한 진리는 실시간 검색어 순위에 오르지 않는다. 예수 그리스도의 복음은 치열하게 고민하고, 생각하고, 기도하며, 말씀을 묵상하는 가운데 깨달아 가는 진리이다.

6월, 점점 더워지면서 몸과 마음이 축 늘어지기 시작하는 계절이다. 모든 것이 귀찮은 청소년들에게 '생각'이란 얼마나 귀찮은 것일까? 그러나 하나님의 십대들이여, 우리 '생각하며' 살자! 공부하는 이유, 노는 이유, 먹는 이유, 사는 이유를 생각해 보자. 우리의 고민을 인터넷 검색창 대신 기도의 창에 입력해 보자. 하나님의 무한한 지식과 은혜의 창고에 접속하는 순간, 엄청난 용량의 거룩한 지식이 다운로드되기 시작할 터이니!

> 베뢰아에 있는 사람들은 데살로니가에 있는 사람들보다 더 너그러워서 간절한 마음으로 말씀을 받고 이것이 그러한가 하여 날마다 성경을 상고하므로(사도행전 17:11).

> 복 있는 사람은 악인들의 꾀를 따르지 아니하며 죄인들의 길에 서지 아니하며 오만한 자들의 자리에 앉지 아니하고 오직 여호와의 율법을 즐거워하여 그의 율법을 주야로 묵상하는도다(시편 1:1-2).

잘 생겼다!

Happy Birthday to You!

세계에서 가장 많이 불리는 팝송은 무엇일까? 비틀스나 마이클 잭슨의 노래를 떠올렸는지도 모르지만, 정답은 〈Happy Birthday to You〉이다. 1893년에 밀드레드 힐과 패티 힐이 작곡했는데, 현재까지도 저작권료를 받고 있다니 정말 대단한 노래이다. 전 세계의 생일 파티에서는 어김없이 이 노래가 불린다. 이 땅에 태어난 사람들은 적어도 1년에 한 번씩 이 노래를 듣는 셈이다. 어느 날 아침, 눈을 떠 보니

식탁에 김이 모락모락 피어오르는 미역국이 놓여 있다. 생일 선물, 생일 카드, 생일 케이크, 생일 파티, 생일 노래……. 그렇다. 오늘은 1년에 단 하루, 내 생일이다!

생일은 설날이나 공휴일과 다르다. 오직 내가 주인공인, 나만의 날이기 때문이다. 달력에 동그라미를 그려 두고 생일을 기다리는 쏠쏠한 재미, 케이크에 내 나이만큼 초를 꽂고 불을 붙인 다음에 후 불어서 끄는 즐거움, 친구들이 불러 주는 노랫소리, 블링블링 선물 포장지를 뜯는 순간의 설렘……. 그래, 오늘만큼은 내가 주인공이야!

그런데 순간 궁금해진다. 생일에는 왜 파티를 할까? 엄마는 왜 가족의 생일날이 되면 미역국을 끓이실까? 사람들이 왜 나에게 선물을 줄까? 아빠는 왜 내 생일에 케이크를 사 오실까? 언니는 왜 폭죽을 터뜨릴까? 돌잔치 사진에서 본,

한복을 곱게 입은 엄마 아빠는 왜 그렇게 싱글벙글 웃고 계셨을까? 도대체 왜 생일을 축하하는 것일까?

너, 생일이 언제니?

생일에는 누구나 축하를 받는다. 무언가 딱히 잘한 일이 없는데도 말이다. 글짓기 대회나 미술 공모전에서 입상한 적도 없고, 체육 대회 때 달리기 종목에서 등수에 든 적이 없는 사람도 최소한 1년에 하루, 생일에는 축하를 받는다. 단지 태어났다는 이유만으로 축하를 받고 그 축하를 당연하게 받아들인다.

세상에 태어나는 과정에서 우리가 한 일은 아무것도 없다. 생일은 우리가 무엇을 잘해서가 아니라, 그저 '세상에 태어났고, 살아 있기 때문에' 축하를 받는 유일한 날이다. 생일은 존재에 대한 칭찬과 생명에 대한 기쁨이 넘치는 날이다. 우리의 행동 때문이 아니라 우리의 존재 때문에 축하를 받는 것, 그것이 생일의 진정한 기쁨이다. 성경에는 그 출생만으로 모두를 웃게 만든 멋진 사람, 이삭의 생일잔치가 기록되어 있다. 이삭은 "응애" 하고 태어난 순간부터 살아가는 모든 날 동안 그 존재만으로 주변 사람들에게 기쁨을 주었다. 예수님의 첫 번째 생일은 비록 초라했지만, 지금은 온 세계가 예수님의 생일을 기뻐한다. 하나님의 아들인 그분이 이 땅에 오신 것 자체로 우리 구원의 클라이맥스가 되었기 때문이다.

기뻐하라, 나의 생일!

우리도 생일을 보내면서 존재의 이유를 깊이 생각해 보자. 우리는 생명의 탄생이 우연의 산물이라고 믿는 진화론자들과 다르다. 우리는 세상에 '던져진' 존재가 아니라 세상에 '보내진' 존재들이다. 이 땅에 우리를 보내신 분이 계시고, 우리는 이 땅에서 반드시 해야 할 일이 있다. 우주를 만드셨고 역사를 운행하시는 하나님께서 나를 지으셨으며, 이 세상에 내가 꼭 필요하기 때문에 특별한 날을 콕 찍어 나를 이 땅으로 보내셨다. 사람들이 내 생일을 축하하는 이유는 하나님의 무대에 등장한 나를 환영하기 위함이다. 내가 생일에 선물을 받는 이유는 나의 존재가 이 세상을 향한 하나님의 선물이기 때문이다. 생일을 축하해 주는 가족과 친구들이 있다는 것은, 내가 어떻게 사는지를 지켜보고 축복해 주는 소중한 사람들이 있다는 뜻이다.

생일은 달력에 크게 동그라미를 그려 두고 손꼽아 기다릴 만한 날이다. 하나님이 나를 세상에 보내신 이 소중한 날이 돌아올 때마다, 하나님이 나에게만 주신 특별한 목적을 조금씩 더 분명히 알게 되길! 생일 축하를 받을 때마다, 나를 보내신 하나님의 거룩한 계획 때문에 세상이 기뻐하게 되길! Happy Birthday to You, 정말 잘 생겼다!

야곱아 너를 창조하신 여호와께서 지금 말씀하시느니라 이스라엘아 너를 지으신 이가 말씀하시느니라 너는 두려워하지 말라 내가 너를 구속하였고 내가 너를 지명하여 불렀나니 너는 내 것이라(이사야 43:1).

천사가 이르되 무서워하지 말라 보라 내가 온 백성에게 미칠 큰 기쁨의 좋은 소식을 너희에게 전하노라 오늘 다윗의 동네에 너희를 위하여 구주가 나셨으니 곧 그리스도 주시니라(누가복음 2:10-11).

미션 원정대

반지 원정대? 미션 원정대!

호빗, 오크, 엘프, 골룸, 간달프, 사우론, 레골라스 등 흥미진진한 캐릭터들과 클래스가 다른 스케일의 화려한 전쟁 장면으로 관객들을 사로잡은 영화가 있다. 전 세계에서 총 30억 달러의 수입을 거두어들였으며 아카데미 17개 부문 수상의 진기록을 세운 〈반지의 제왕〉 시리즈이다. 이 영화의 원작은 영국 작가 톨킨의 소설 《반지의 제왕》이다. 《나니아 연대기》와 함께 기독교를 기반으로 한 판타지 문

학의 결정판이라고 평가받는 이 소설은, 2003년 영국 방송국 BBC가 실시한 조사에서 '영국에서 가장 사랑받는 책'으로 선정되기도 했다. 시리즈의 첫 번째 편인 〈반지 원정대〉(The Fellowship of the Ring)는 암흑 군주 사우론에 대항해 절대반지를 파괴하려는 목적으로 결성된 원정대(fellowship)의 스릴 넘치는 모험 이야기이다. 20세기 천재 작가 톨킨의 상상력은 21세기 천재 감독 피터 잭슨의 첨단 기술에 힘입어,

우리의 눈과 귀를 압도하는 영상으로 재탄생했다. 거대한 스크린을 통해 원정대의 주인공 프로도가 간달프의 치밀한 계획과 인간 연합군의 도움에 힘입어 절대반지를 파괴하는 과정이 펼쳐진다. 이를 지켜보던 우리는 어느새 원정대의 일원이 되어 모험 속으로 뛰어든다. 수행해야 할 미션(mission)이 있고 그 미션을 위해 똘똘 뭉친 동료들이 있으니, 이 얼마나 가슴 설레는 모험인가!

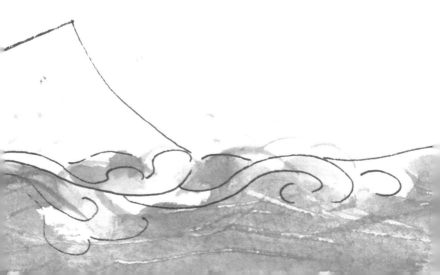

선교(mission)의 재발견

해마다 여름이면 많은 교회의 청소년부가 단기 선교 혹은 아웃리치 준비로 분주해진다. 예배실 벽에 세계 지도가 붙고, 선교 학교가 개설되고, 선교사들과 함께 기도회가 시작된다. 여권과 비자를 발급받고, 비행기 티켓을 예매하고, 부채춤과 워십 댄스를 비롯해 다양한 사역을 준비하느라고 바쁘다. 세계에서 두 번째로 많은 선교사를 파송한 선교 강국답게 대한민국 청소년들의 선교 열기는 무척 뜨겁다.

그런데 선교란 과연 무엇일까? '선교' 하면 떠오르는 영화가 있다. 롤랑 조페 감독의 〈미션〉(Mission)이다. 특히 영화의 OST이면서 팝페라 가수 사라 브라이트만의 목소리로 알려진 〈넬라 판타지아〉(Nella Fantasia)는 지금까지도 널리 사랑받는 명곡이다. 이 영화는 오지에서 사역하는 선교사의 모습을 생생하게 그렸다. 원시 부족인 과라니 족을 위해 헌신하며 하나님의 사랑을 전하는 가브리엘 신부의 모습은 선교와 선교사의 이미지를 대표한다.

중국 선교의 아버지 허드슨 테일러, 아프리카를 품은 리빙스턴, 에콰도르에서 복음을 전하다가 순교한 짐 엘리엇, 조선에 복음의 씨앗을 뿌린 토머스 선교사를 생각하면 우리의 마음이 숙연해진다. 언어와 문화가 다른 곳에서 자신

을 희생하며 복음을 전하는 선교사들의 삶이 얼마나 힘겨
운지를 알기 때문이다.

넌, 선교 가니? 난, 선교한다!

방학을 맞아 단기 선교팀을 꾸리고, 선교지에서 어떻게
사역할 것인지 계획을 세우고, 선교 헌금을 작정하는 일은
선교의 부분일 뿐 전부가 아니다. '선교'라는 말에는 '보냄
을 받았다'는 뜻이 담겨 있다. 따라서 선교란 내가 '보냄을
받은 존재'임을 인식하는 것에서부터 출발한다. 하나님께
서 우리를 지으시고 이 땅으로 보내셨다. 하나님께서 우리
를 죄악 된 세상으로부터 부르셨고, 우리에게 사명을 주셔
서 다시 세상으로 보내셨다. 예수님은 이 땅으로 보냄을 받
으셨으며, 그분의 제자인 우리 역시 세상으로 보내진 선교
적 존재로 살고 있다. 그렇기에 선교는 '가는 것'(going)이 아
니라, '사는 것'(being)이다!

여름 방학을 이용해 선교지를 직접 밟아 보고, 선교사들
의 삶을 돌아보며, 열방을 향한 하나님의 마음을 품는 것은
충분히 가치 있는 일이다. 그러나 그보다 더 중요한 것은
주님이 나를 보내신 이곳, 바로 내 삶의 자리에서 날마다

선교사로 살아가는 것이다. 선교는 꼭 비행기를 타고 해외로 나가야만 할 수 있는 것이 아니다. 선교는 바로 '여기에서'(here) 하는 것이다. 선교는 여름 방학에만 하는 것도 아니고, 나중에 어른이 되어서 하는 것도 아니다. 선교는 바로 '지금'(now) 하는 것이다.

예수님의 제자인 우리는, 주님이 우리에게 맡기신 사명을 이루어야 한다. 그리스도의 마지막 명령인 '지상 명령'(The Great Commission)이야말로 그분의 제자로서 가슴에 품어야 할 미션이다. 구원받은 성도가 이 땅에 살아 있어야 하는 이유는 땅끝까지 복음을 전하라고 하신 예수님의 미션이 아직 완성되지 않았기 때문이다.

뜨거운 여름, 많은 청소년들이 선교지에 가서 복음을 전하기 위해 참으로 값진 땀을 흘린다. 혹, 비행기를 타고 해외에 가거나 배를 타고 오지에 가서 사역하지 않더라도, 이것 하나만큼은 기억하자. 지금 내가 있는 이 자리에서 선교사로 살아가기 위해 수고하며 흘리는 땀은 더욱 값지다. 우리는 주님께 사명을 받고 세상으로 보냄을 받은 '미션 원정대'라는 것을 기억하자!

그러므로 너희는 가서 모든 민족을 제자로 삼아 아버지

와 아들과 성령의 이름으로 세례를 베풀고 내가 너희에게 분부한 모든 것을 가르쳐 지키게 하라 볼지어다 내가 세상 끝날까지 너희와 항상 함께 있으리라 하시니라 (마태복음 28:19-20).

오직 성령이 너희에게 임하시면 너희가 권능을 받고 예루살렘과 온 유대와 사마리아와 땅끝까지 이르러 내 증인이 되리라 하시니라(사도행전 1:8).

캠프의 진실

캠프파이어의 추억

"다들 눈을 감고 언제나 나를 위해 수고하시는 부모님을 생각해 보세요."

콘서트 현장을 방불케 했던 뜨거운 열기가 가라앉고 꺼져 가는 모닥불을 보며 아쉬워하고 있을 때, 교관의 쫙 깔린 목소리가 들려온다. 여기저기에서 훌쩍거리는 소리. '왜들 그래? 유치하게!' 그런데 이 뻔한 상황과 식상한 멘트에 콧등이 찡해 오는 이유는 무엇일까? 그렇게 웃고 울며 캠프의 마지막 날 밤이 깊어 간다. 장기 자랑 무대를 뒤흔든 선생님들의 반전 댄스, 빨간 모자를 눌러 쓴 터프가이 교관들, 늦은 밤 이유를 알 수 없는 단체 기합의 기억들! 진로 캠프, 영어 캠프, 스키 캠프, 해병대 체험 캠프에 이르기까지, 캠프는 학창 시절을 장식하는 추억의 꽃이다.

사실 '캠프'(camp)는 군대가 임시로 만든 숙영 시설을 부르는 말이었다. 방학 동안 특별 활동이 진행되는 곳을 가리키는 말이기도 하다. 그리고 오늘날에는 집을 떠나 낯선 환경에서 누리는 즐거움을 뜻하는 말이 되었다. 산이나 들 또는 바닷가 등에서 텐트를 치고 야영하는 것을 '캠핑'(camping)이라고 하는데, 우리나라의 캠핑 인구는 어느덧 100만 명에 이르렀다. 캠핑은 이제 도시인들이 답답한 일상에서 탈출해 자연을 즐기는 여가 문화로 자리 잡았다. 캠핑의 묘미는 '집을 떠난다는 설렘'에 있다. 한편으로는 집을 떠났기에 어쩔 수 없이 불편을 감수해야 한다. 요즘은 텐트, 침낭, 버너, 코펠, 타프, 랜턴, 바비큐 그릴 등 기본적인 용품뿐만 아니라 휴대용 정수기와 야외용 텔레비전에 이르기까지 다양한 기능을 가진 용품이 나와 캠핑의 즐거움을 더해 주고 있지만, 아무리 비싼 장비를 갖추었다 해도 집보다 편안할 수는 없다. 캠프는 말 그대로 캠프일 뿐이니까.

Never-ending Camp

서둘러야 했다. 한동안 같은 자리에 머물러 있던 구름 기둥이 다시 움직였기 때문이다. 또 출발인가. 어른들의 손발이 바쁘게 움직인다. 애굽을 떠난 이후 시작된 이스라엘 백성의 광야 생활은 마치 기나긴 캠핑이 이어지는 것과 같다. 구름 기둥과 불 기둥을 따라 움직였던 그들의 주거지는 하나의 거대한 캠핑촌이었다. 처음 모세를 따라나섰을 때, 그들은 기대감에 부풀어 있었다. 젖과 꿀이 흐르는 신비한 땅으로 간다고 생각하니 무척 즐겁고 설렜다. 그러나 그들 앞에는 무려 40년간의 캠핑이 기다리고 있었다. 장막절 혹은 초막절이라 불리는 절기는 바로 광야에서의 오랜 캠핑을 기억하는 기념일이다.

테트를 치고 걷으며 이동하기를 40년이나 반복한 이스라엘 백성들은 알고 있었을까? 하나님 백성의 삶이란 바로 캠핑과 같다는 것을. 오늘 밤 머무는 광야의 이곳은 잠시 동안 쉬어 가는 캠핑장일 뿐, 하나님의 백성이 영원히 거할 곳은 아니었다. 우리는 아직 영원히 거하게 될 하늘 아버지의 집에 이르지 않았다! 날마다 광야를 통과하고 마침내 가나안에 이르는 날, 그날에 비로소 이 오랜 캠핑이 끝날 것이다. 이것이 바로 캠프의 진실이다.

기대하라, 여름 캠프!

7월, 방학과 함께 모든 교회의 청소년부가 수련회 혹은 캠프라는 이름으로 여름 사역을 시작한다. 기말고사, 성적표, 내신, 학원, 컴퓨터, 가족, 내 방 등 익숙한 모든 것들과 잠시 동안 이별이다. 교회 예배실을 떠나 믿음의 공동체와 2박 3일간 함께하는 캠프. 한여름의 찜통더위와 싸우고, 모기 때문에 잠을 설치며, 식판을 들고 긴 줄을 서서 기다릴 뿐만 아니라, 밥 한번 먹으려면 머리를 굴려 가며 성경 구절을 암송해야 한다. 하지만 불편과 모자람과 익숙하지 않은 모든 것들을 견딜 만한 가치가 있다. 인생과 신앙의 선배들은 여름 캠프를 통해 하나님을 만났고, 자신이 누구인지 깨달았다. 이제 우리 차례다! 하늘을 향해 소리 질러 기도하

고, 가슴속의 푸른 에너지를 마음껏 뿜어내며 찬양하자. 선포되는 말씀을 통해 방전된 영혼을 충전하고, 하늘을 가르며 쏟아지는 은혜를 받아 그 무엇으로도 채울 수 없던 영적 목마름을 해갈하자. 어색하게 눈인사만 겨우 주고받던 친구들과 땀 냄새 풍겨 가며 공동체 활동을 하고, 집회가 끝난 밤 숙소에 누워 날이 새도록 미래와 꿈에 대해 이야기하자.

교회의 캠프는 우리의 인생을 바꿀 운명의 전환점이 될 것이다. 입시 공화국에서 살아가는 청소년의 마음을 치료해 줄 Healing Camp, 창조주께서 나를 이 땅에 보내신 이유를 발견하는 Calling Camp, 깊은 예배와 말씀을 통해 영혼과 삶의 극적인 변화를 경험하는 Changing Camp가 될 것이다. 그 설렘과 떨림으로 캠프를 기다리자!

여호와께서 구름 기둥 가운데에서 장막에 나타나시고 구름 기둥은 장막 문 위에 머물러 있더라(신명기 31:15).

내 아버지 집에 거할 곳이 많도다 그렇지 않으면 너희에게 일렀으리라 내가 너희를 위하여 거처를 예비하러 가노니(요한복음 14:2).

Fall

가을,
거룩한 상상을 하자!

만화 좋아하니?

《슬램덩크》에서 〈이생〉까지

"다 봤어?"

"아직! 조금만 기다려."

"야, 빨리 보고 돌려!"

수업 시간, 교과서로 만화책을 절묘하게 가리고 선생님의 눈을 피해 숨죽이며 한 장씩 넘겨 보던 시절이 있었다. 나 역시 《슬램덩크》와 《드래곤볼》에 열광하던 십대였다. 《아기 공룡 둘리》, 《달려라 하니》, 《공포의 외인구단》, 《폴

하우스》,《오디션》 등등. 아, 추억 돋는 그 시절의 만화들이여! 인터넷과 스마트폰의 시대가 되면서 만화를 보는 방식이 이전과 완전히 달라졌으니, 이제는 만화책이 아니라 '웹툰'(webtoon)이 대세이다! 웹툰은 2003년, 포털 사이트 다음에서 연재한 강풀의 〈순정만화〉를 기점으로 계속해서 히트작들을 내놓았고, 오늘날 네이버 웹툰의 누적 조회수는 무려 300억 건에 이른다. 〈패션왕〉, 〈노블레스〉, 〈마음의 소리〉, 〈갓 오브 하이스쿨〉 등등. 청소년들에게 웹툰은 게임 다음으로 화제가 되고 있다.

만화를 좋아하는 것은 청소년뿐만이 아니다. 초딩들은 《마법 천자문》의 책장을 넘기며 한자를 배우고, 어른들은 쉬는 시간에 웹툰 〈미생〉을 보며 직장 생활의 스트레스를 푼다. 침을 묻힌 손가락으로 책장을 넘기면서 보든, 스마트폰 액정을 터치하면서 보든, 만화는 아이부터 어른까지 전 세대가 사랑하고 누구나 좋아하는 공통의 문화이다.

만화, 무한 상상의 세계

만화의 위대함(?)은 종이에 그려진 그림에 머무르지 않고 다양한 문화 콘텐츠로 확대된다는 데 있다. 전국적으로 천만 관객을 동원한 판타지 영화 〈신과 함께〉는 주호민의 웹툰이, 고릴라가 야구 선수라는 기발한 설정의 영화 〈미스터 고〉는 허영만의 만화가 원작이다. 대한민국 직장인들에게 선풍적인 인기를 끈 텔레비전 드라마 〈미생〉의 원작 역시 웹툰이다. 이처럼 오늘날의 만화는 문화가 되고 산업이 되어 시대를 움직인다. 한때 청소년들에게 불어닥쳤던 '농구 신드롬' 뒤에는 역대 최고의 농구 만화《슬램덩크》가 있었고, 디지털 펭귄 '뽀로로'는 꼬꼬마들의 대통령이라 불릴 만큼 '귀한 분'이 되었다. '타요', '코코몽', '로보카 폴리'는 아이들의 친구를 넘어 대한민국 수도 서울의 대표 캐릭터가 되었다. 쫄쫄이를 입은 거미 인간 '스파이더맨'과 검은 망토를 두른 폭주족 '배트맨'은 할리우드의 첨단 영상 기술로 태어난 만화 주인공들이고, 빨간 강철 슈트의 까칠한 영웅 '아이언맨'이나 초록 짐승남 '헐크'도 만화에서 탄생한 영웅들이다. 만화 속 영웅들은 빛의 속도로 하늘을 날며, 절벽에서 추락하던 기차를 들어 올리고, 심지어 과거와 미래를 자유자재로 여행하기까지 한다. 이처럼 만화는 현실을 넘어 또 다른 세상을 만나는 창이며 무한 상상의 통로이다. 만화의 마지막 책장을 넘기며, 혹은 웹툰의 창을 닫으며 우리는 이렇게 중얼거린다. "아, 정말 만화 같은 이야기야!"

만화인 듯, 만화 아닌, 만화 같은 이야기

황당하고 믿을 수 없는 이야기를 가리켜 우리는 "만화 같다"라고 한다. 어쩌면 성경은 가장 만화 같은 이야기들의 모음집일지도 모른다. 맹물이 고급 와인이 되고, 개안 수술 없이 시각 장애인이 눈을 뜨며, 사람이 수상 스키 없이 물 위를 걷는다. 그뿐인가? 물에 빠진 쇠도끼가 떠오르기도 하고(왕하 6:6), 나귀가 사람처럼 말을 하기도 한다(민 22:28). 회오리를 타고 하늘로 올라간 사람의 이야기(왕하 2:11)와 태양이 머물고 달이 멈춘 이야기(수 10:13)는 어떤가? 세상 사람들의 눈에는 성경이야말로 전혀 믿을 수 없는, 그야말로 만화 같은 이야기로 보일 것이다. 하지만 이것이 바로 '하나님의 이야기'이다. 죄 때문에 끊어진 다리를 다시 연결하기 위해 하나님께서 인간의 역사 속에 들어오신 이야기이다. 정말 말도 안 되는 이야기를 하나 더 들려줄까? 죄가 없는 하나님의 아들이 가장 큰 죄인에게 내려지는 참혹한 형벌을 묵묵히 받으셨고, 결코 죽지 않는 '신'(God)이신 그분이 피를 흘리며 죽으셨다. 이것은 상상이 아니다! 십자가는 실제 일어난 사건이며, 그 사건을 통해 인류의 역사가 바뀌었으니까. 그러니 상상하라! 그 만화 같은 십자가 이야기가 어떻게 세상을 바꾸어 갈지를.

상상이 비전으로, 비전이 현실로!

청소년들이여, 성경 안에서 더 크고 위대한 일을 상상하라! 이사야는 포로가 된 민족의 회복을 상상했고, 에스겔은 마른 뼈 더미를 보며 군대를 상상했고, 느헤미야는 폐허 속에서 견고한 성벽을 상상했다. 선지자들의 상상(vision)을 하나님께서 어떻게 이루셨는지 우리는 안다. 오늘날, 청소년들의 현실은 그리 녹록하지 않다. 성경은 답답한 우리의 현실을 깨뜨려 버릴 상상력의 원천이다. 그 거룩한 상상은 비전이 되고 마침내 새로운 현실이 될 것이다. 성경은 결코 만화가 아니기 때문이다.

가을, 책 읽기 참 좋은 계절이다. 우리, 만화 삼매경이 아니라 성경 삼매경에 빠져 보는 건 어떨까?

보라 내가 새 일을 행하리니 이제 나타낼 것이라 너희가 그것을 알지 못하겠느냐 반드시 내가 광야에 길을 사막에 강을 내리니(이사야 43:19).

이에 내가 그 명령대로 대언하였더니 생기가 그들에게 들어가매 그들이 곧 살아나서 일어나 서는데 극히 큰 군대더라(에스겔 37:10).

십대, 아이돌에 빠지다!

아이돌, 누구냐 넌?

"다음은 무엇을 뜻하는 말일까요? B1A4, BTS, GOT7, VIXX, EXO."

만약 동공지진을 일으키며 영어 단어나 화학 기호를 떠올렸다면 당신은 혹시 아재! 정답은 현재 활동 중인 아이돌 그룹들의 이름이다. 1세대 아이돌이라 불리는 H.O.T., 젝스키스, S.E.S., 핑클, 신화, god는 이미 아이돌계의 레전드로 대접받는다. 아이돌 2세대로 분류되는 동방신기, 슈퍼

주니어, 빅뱅, 소녀시대는 여전히 가요계의 큰 별들이다. 아이돌 3세대가 활동하는 지금, 가요계는 물론이요 CF, 영화, 드라마, 예능, 명절 특집, 각종 시상식에 이르기까지 대한민국 연예계를 아이돌이 접수(?)했다고 해도 과언이 아니다. 더욱이 아이돌은 국내뿐 아니라 해외에서도 큰 인기를 끌며 한류의 중심 역할을 하고 있다. 위키 백과는 '대한민국의 아이돌'을 이렇게 정의했다. "십대 또는 이십대 초반의 가수들로, 십대들에게 큰 인기를 얻는 이들을 지칭하며, 주로 하이틴 스타(teen idol)로 통한다." 6인조 아이돌 틴탑의 데뷔 당시 평균 나이는 16.3세였고 중고생 아이돌도 대거 등장하고 있으니, 이제 아이돌은 진정 십대의, 십대를 위한, 십대에 의한 문화 현상임이 분명하다.

격하게 아낀다!

아이돌의 인기를 알 수 있는 중요한 척도가 바로 팬클럽이다. 인기 절정 아이돌 그룹의 팬클럽 회원 수는 수십만 명에 이른다. 1세대 아이돌인 H.O.T.의 경우 그들의 콘서트가 열리는 날이면 교육청에서 조퇴 금지령을 내렸고, 지방에 사는 팬들이 전세 버스 300여 대를 동원해 서울로 올

라왔으며, 지하철과 버스는 연장 운행을 했다는 이야기가 전설처럼 전해 내려온다. 이처럼 아이돌을 향한 팬클럽의 사랑은 상상을 초월한다. 좋아하는 아이돌을 '직찍'하기 위해 수백만 원짜리 카메라를 사고, 소속사가 한 멤버의 퇴출을 결정하자 조직적으로 항의해 결국 퇴출 결정을 뒤집었으며, 라이벌 그룹 팬클럽과의 전쟁(?)도 마다하지 않는다. 높은 경쟁률의 오디션을 뚫고, 기나긴 연습생 시기를 지나 마침내 데뷔한 아이돌. 그들에게 쏟아지는 화려한 조명과 팬들의 사랑은 어쩌면 당연한 것일지도 모른다.

하지만 그들에게 붙여진 이름 '아이돌'(idol)과 그들에게 열광하는 '팬덤'(fandom)은, 크리스천인 우리를 깊은 생각에 빠지게 한다. 우리는 왜 아이돌에게 열광하는가? 인생에 다시 오지 않을 십대의 푸르름과 낭만과 꿈은 교복과 시험과 대학이라는 거대한 바위에 눌려 있다. 우리는 자유롭게 춤추며 노래하는 또래 아이돌의 모습에서 자유와 해방감을 맛보며 대리 만족을 얻는다. 하고 싶지만 할 수 없고, 되고 싶지만 될 수 없는 현실에 대한 답답함을 아이돌을 통해 해소한다. 이처럼 마음속 깊은 곳에 숨겨진 욕망을 대신하는 아이돌(우상)! 그것은 때로 문화가 되고 종교가 되어 삶 전체를 뒤흔든다.

우상(idol)에 대한 하나님의 경고

성경의 중요한 메시지 중 하나가 바로 우상에 대한 경고이다. 여호수아가 떠난 뒤 이스라엘은 바알이라는 이름의 우상을 섬겨 혼란에 빠졌다. 지혜의 왕 솔로몬을 무너뜨린 것도 이방인들의 우상이었다. 하나님은 이스라엘의 우상 숭배에 분노하셨고, 결국 이스라엘은 불같은 심판을 받았다. 하나님은 자비로우시며 인자와 긍휼이 무궁하신 분이다. 단, 우상 숭배에서는 예외이다. 하나님께서 이스라엘을 우상의 제국 애굽에서 건져 내신 다음, 그들에게 주셨던 열 가지 계명을 기억하는가? 첫째, 다른 신(other gods)을 섬기지 말 것! 둘째, 새긴 우상을 만들지 말 것! 이는 하나님이 아닌 그 어떤 것도 경배해서는 안 되며, 그것을 형상화하지 말라는 준엄한 명령이다. 하나님을 믿는다는 것은, 그분이 내 욕망으로 만들어진 허상(idol)이 아니라 나의 창조주요, 주인이요, 초월자임을 믿는 것이다.

하나님의 팬클럽

오늘날의 대한민국은 아이돌 그룹의 수만큼이나 많은 우상들이 존재한다. 그대는 자신이 가지고 싶은 것, 하고 싶은 일, 되고 싶은 존재를 '아이돌'이라는 이름으로 형상화하고, 그들에게 열광하며 숨겨진 욕망을 채우려 하지 않았는가? 무대 위에서 춤추고 노래하는 아이돌의 노력과 열정은 건강한 도전으로 받아들이자. 그들은 꿈을 이루기 위해 땀과 눈물을 쏟고 있는 우리의 친구들이다. 단, '아이돌'이라는 존재를 통해 우리의 욕망을 형상화하고 그것을 문화라는 이름으로 우리에게 강요하는 시대 속에서 중심을 잃거나 흔들리지 말자. 그것이 하나님께서 미워하시는 다른 신들이요, 새긴 우상이 될 수 있으니까. 크리스천 십대인 우리는 오직 하나님께 열광하며 그분을 격하게 섬기는 하나님의 팬클럽이니까!

> 너를 위하여 새긴 우상을 만들지 말고 또 위로 하늘에 있는 것이나 아래로 땅에 있는 것이나 땅 아래 물속에 있는 것의 어떤 형상도 만들지 말며(출애굽기 20:4).

> 이스라엘아 들으라 우리 하나님 여호와는 오직 유일한 여호와이시니 너는 마음을 다하고 뜻을 다하고 힘을 다하여 네 하나님 여호와를 사랑하라(신명기 6:4-5).

Fast Food! Slow Faith!

빠르다! 맛있다!

깨가 송송 박힌 두툼한 빵, 쇠고기 패티와 치즈, 아삭한 양상추와 새콤한 피클의 절묘한 조화. 양손으로 붙들고 크게 한입 베어 문 순간 온몸에 흐르는 전율! 그뿐인가? 프라이드 포테이토를 케첩에 듬뿍 찍어 입에 넣고, 콜라를 한 모금 들이켰을 때 머리카락이 쭈뼛거리는 그 시원함은 어쩔 거야? 역시 버거 세트는 패스트푸드의 절대 지존이다. 치킨집 전화번호를 누를 때마다 하게 되는 고민, '양념'이냐

'후라이드'냐 이것이 문제로다! 김이 모락모락 나는 닭다리를 손에 든 순간, 왜 치킨을 '치느님'이라고 부르는지 실감한다. 쫄깃한 치즈에 버섯과 햄이 가득한 피자는 어떻고. 전화 한 통이면 빛의 속도로 배달되는 그대는 진정 야식 종결자!

우리는 이들을 패스트푸드(fast food)라 부른다! 말 그대로 '빠른 음식'이라는 뜻이다. 게다가 맛있기까지 하다. 정말 환상적이지 않은가! 패스트푸드는 적은 수의 종업원으로, 많은 수의 손님에게, 빠른 시간 안에, 균일한 맛의 음식을, 싼 가격으로 제공하는 것을 목표로 삼고 미국에서 처음 생겨났다고 한다. 우리나라 최초의 패스트푸드점은 1979년에 문을 연 롯데리아 소공점이다. 서울 올림픽 대회가 열린 1988년, 맥도날드가 상륙함으로써 본격적인 패스트푸드 시대가 시작되었다. 그 뒤로 5대 천왕이라 불리는 맥도날드, 롯데리아, 버거킹, KFC, 파파이스를 비롯하여 패스트푸드는 대한민국 음식 문화를 뒤바꾸어 놓았다.

대한민국의 빨리빨리 신드롬

다이어트와 웰빙 바람이 불면서 패스트푸드는 정크(쓰레기) 푸드라는 오명을 얻을 만큼 미용과 건강의 적으로 여겨

진다. 하지만 빠르고 편리하게(심지어 맛있기까지 하다) 먹을 수 있는 패스트푸드는 여전히 십대들의 사랑을 받고 있다. 어디 음식뿐인가! 오늘날 우리는 빠른 것을 좋아한다. 이달에 출시한 스마트폰도 3개월만 지나면 구닥다리 취급을 받고, 이동 통신사들의 속도 경쟁은 LTE 급이다. 텔레비전을 켜면 15초짜리 광고들이 순식간에 지나가고, 유명인이 트위터에 올린 글은 실시간으로 퍼져 나간다. 십대들은 문자를 보낼 때 모음을 찍는 시간조차 아까워 초성 자음만으로 대화한다. 빠른 유행, 빠른 통신, 빠른 의사소통. 그야말로 속도의 시대다! 속도의 시대를 사는 현대인들에게 빠른 것은 멋지고 편리하고 좋은 것이다. 반면, 느린 것은 촌스럽고 불편하고 나쁜 것이다. 이처럼 '빨리빨리' 시대에 살고 있는 우리가 가장 견디지 못하는 것이 있으니, 그 이름도 지루한 '기다림'이다. 그래서 사탄이 우리의 영적 성장을 방해하기 위해 사용하는 전략 역시 '기다림'이다.

믿음, 그 느림의 미학

'왜 내 기도가 빨리 응답되지 않는 거야?', '왜 내 믿음은 빨리 성장하지 않을까?', '왜 우리 청소년부는 빨리 부흥하지 않을까?' 교회 안에서조차 속도에 중독된 영적 조급증 환자들이 늘어 간다. 구원은 전자레인지에 돌리면 1분 만에 조리가 끝나는 즉석식품이 아니다. 믿음은 3분 만에 튀겨 내는 냉동 감자튀김이 아니다. 예수님은 30분 안에 응답을 가져오는 피자 배달원이 아니다. 하나님의 나라는 패스트푸드처럼 쉽고 빠르게 임하지 않는다. 홍수가 나기까지 120년을 기다린 노아의 의연함과, 아들이 태어나기까지 25년을 기다린 아브라함의 인내와, 가나안 땅에 도착하기까지 40년을 기다린 모세의 끈기를 배우자. 선택한 모든 민족이 구원을 얻기까지 기다리시는 예수님의 사랑과, 지금도 탕자 같은 우리를 기다리시는 하나님의 인자하심을 믿자. 느리지만 거부할 수 없는 강력함으로 하나님의 역사는 이루어져 가는 것이다.

어느덧 11월이라니, 시간 참 빠르다! 이제 깊어 가는 가을을 느끼며 겨울을 준비할 시기가 되었다. 아직 열매가 없다고? 아직 변화가 느껴지지 않는다고? 조금만 더 기다리자. 영적 조급증을 이겨 내자. 답답하고 초조하더라도 금세 포기하거나 쉽게 물러서지 말자. 조용한 묵상의 자리에서, 고요한 기도의 자리에서 끈기와 인내를 배우며 그렇게 우리의 믿음은 조금씩 자라고 있으니까.

인내를 온전히 이루라 이는 너희로 온전하고 구비하여 조금도 부족함이 없게 하려 함이라(야고보서 1:4).

우리가 소망으로 구원을 얻었으매 보이는 소망이 소망이 아니니 보는 것을 누가 바라리요 만일 우리가 보지 못하는 것을 바라면 참음으로 기다릴지니라(로마서 8:24-25).

웃어라,
대한민국 청소년들이여!

유머가 좋다

가수 비가 자기소개를 할 때 부르는 노래는? 나비야 나비야. 신사가 자기소개를 할 때 하는 말은? 신사임당. 아몬드가 죽으면? 다이아몬드. 왕이 궁에 들어가기 싫을 때 하는 말은? 궁시렁궁시렁(잠깐! 사전에 등재된 단어는 '구시렁구시렁'이란 것을 아는가?). 썰렁하기도 하고 허무하기도 하지만 우울할 때나 스트레스가 쌓일 때나 별다른 생각을 하고 싶지 않을 때는 유머가 최고다. 최불암 시리즈, 덩달이 시리즈, 사오정 시리즈. 이른바 3대 고전 유머 시리즈 한두 개쯤은 누구나 알고 있을 것이다. 〈개그콘서트〉, 〈코미디 빅리그〉, 〈웃음을 찾는 사람들〉 등 방송사들의 본격 개그 프로그램뿐만 아니라, 버라이어티 프로그램이나 영화, 심지어 CF에서도 유머는 기본이다. 현대 사회에서 유머는 인기의 비결이고 경쟁력이다. 이성의 마음을 끌 수 있는 강력한 무기 역시 유머 감각이다. 강의도, 수업도, 연설도 웃겨야 한다. 정치인도, 아나운서도, 심지어 목회자도 웃겨야 인기가

있고 인지도가 올라간다. 목마른 사슴이 시냇물을 찾듯, 오늘도 우리는 스마트폰으로 '웃긴 짤방'과 '황당한 썰'과 '재미있는 드립'을 찾아 헤맨다. 그렇게 인터넷에서 돌고 도는 웃긴 이야기들을 퍼 나르고, 본방을 놓친 개그 프로그램을 다시보기로 챙겨 보며 한참 동안 낄낄거렸는데, 어느 순간 마음이 허전해지는 이유는 무엇일까.

내가 웃는 게 웃는 게 아니야

청소년들에게 들을 수 있는 최악의 반응은 "안 웃겨요! 재미없어요!"이다. 그들의 깜빡이는 눈동자는 이렇게 말한다. "뭐 재미있는 거 없어요? 뭐 웃기는 거 없어요?" 웃기는 이야기, 재미있는 이야기, 가볍고 황당한 이야기에는 반응하지만, 조금이라도 진지해지려고 하면 곧바로 외면해 버리는 청소년들을 자주 본다. 그 모습에서 깃털만 한 무게를 더하는 것조차도 힘들어 보일 만큼 '이미 충분히' 버거운 삶의 무게가 느껴진다. 웃음에 목말라하는 청소년들의 모습 속에서, 웃음으로 포장된 심리적 가면 뒤에 숨겨진 눈물을 본다. 웃을 수 없는 현실을 웃음으로 이겨 내려는 아이들의 슬픈 노력을 본다. 십대들은 웃고 있지만 실은 웃지 않고 있다.

마크 트웨인은 의미심장한 말을 남겼다. "유머는 슬픔에서 나온다." 웃음에 목말라하는 청소년들의 모습은, 어쩌면 그들이 인생에서 가장 웃기 힘든 시기를 보내고 있다는 증거일지도 모른다. 웃음 속에 슬픔을 감춘 오늘의 십대들에게 인생이란, 마우스를 클릭하며 웃긴 사진과 웃긴 동영상을 찾아보는 노력이라도 하지 않으면 견디기 힘든 고난의 길이다. 개그 프로그램들의 과도한 표현들이나 적정 수위를 넘어서는 인터넷 게시물들을 볼 때 염려스럽기도 하지만, 사실상 어른들은 개그맨들과 유머 사이트 운영자들에게 빚을 진 셈이다. 어른들이 하지 못하는 일, 즉 청소년들이 웃게 하는 일을 그들이 대신 하고 있으니 말이다.

청소년들이 다시 웃는 그날까지

아들을 낳을 것이라는 천사의 말을 들었을 때, 사라는 장막 문 뒤에서 피식 웃었다. '이 나이에 아들이라니, 말도 안 돼!' 그러나 말씀하신 그대로 아들이 태어나자 사라는 영혼 깊은 곳에서 터져 나오는, 말할 수 없는 기쁨으로 웃었다. "하나님이 나를 웃게 하시니 듣는 자가 다 나와 함께 웃으리로다." 사라는 포기의 허탈한 웃음을 만족과 감사의 웃음으로 바꾸는 분이 여호와이심을 알게 되었다. 하나님은 그 백성에게 웃음을 주신다. 상상을 넘어선 방식으로 웃게 하신다. 하나님이 우리를 웃게 하시면, 우리와 함께한 모든 이들이 다 웃게 될 것이다.

크리스천 청소년에게 썩소와 비웃음은 어울리지 않는다. 인생의 계절에서 십대는 가장 맑고 가장 깨끗하게 웃을 수 있는 때이다. 텔레비전의 모든 개그 프로그램들이 사라지고, 인터넷의 모든 유머 게시판이 문을 닫아도 될 만큼 세상에 기쁨과 웃음이 가득했으면 좋겠다. 의도적으로 만들어진 재미와 짜인 각본에 따라 웃는 것이 아니라, 간절한 기도가 응답되어, 신앙 안에서의 깊은 교제로 말미암아, 열정적인 찬양의 기쁨이 넘쳐 웃었으면 좋겠다. 하나님이 웃게 하시는 진짜 웃음! 그런 깨끗한 웃음은 이미 생의 의미를 알되 아직 생에 찌들지 않은 청소년들에게만 허락된 것이기에. Let's All Laugh!

사라가 이르되 하나님이 나를 웃게 하시니 듣는 자가 다 나와 함께 웃으리로다(창세기 21:6).

주 안에서 항상 기뻐하라 내가 다시 말하노니 기뻐하라 (빌립보서 4:4).

사랑해도 될까요?

우린 그냥 사랑하게 해 주세요!

"문이 열리네요. 그대가 들어오죠. 첫눈에 난 내 사람인 걸 알았죠. …… 내 맘을 모두 가져간 그대. 조심스럽게 얘기할래요. 용기 내 볼래요. 나 오늘부터 그대를 사랑해도 될까요."

심히 오글거리는 이 글귀는 유리상자의 노래 〈사랑해도 될까요〉의 노랫말이다. 2004년에 방영된 드라마 〈파리의 연인〉에서 남자 주인공 한기주(박신양 분)가 피아노를 치며 연인에게 이 노래를 불러 주었고, 그 장면은 수많은 여인들의 로망이 되었다.

크리스천 청소년들에게 이성 교제는 공공연한 금기 사항이다. 그러나 교회는 사실 청소년들의 이성 교제가 가장 활발한 곳이기도 하다. 이성 교제에 대한 청소년들의 마음은 이렇다. '제발 우릴 그냥 사랑하게 해 주세요!' 그러나 어른들의 마음은 이렇다. '제발 대학 가서 시작하면 안 되겠니?'

이런 사람, 이성 교제 절대 하지 마라!

이성 교제를 하기에는 아직 시기상조인 유형들이 있다. 첫 번째는 '다윗 유형'이다. 다윗은 한 여인 때문에 그녀의 남편이자 자신의 충성스러운 부하를 죽음으로 몰아넣었다. 그 결과 인생의 정점에서 다윗은 급격히 추락했다. 다윗과 여인 사이에서 태어난 첫아이는 죽었고, 다윗의 집에는 쓰나미처럼 재앙이 몰려왔다. 다윗은 왜, 도무지 그가 했다고는 믿기 힘든 일을 저질렀을까? 아름다운 여인을 본 순간, 다윗은 끓어오르는 본능에 굴복했고 욕망에서 헤어나지 못했다. 이처럼 '다윗 유형'은 충동적으로 사랑에 빠져든다. "쟤, 완전 내 스타일이야. 건들지 마, 내가 찍었어!" 순간의 '필'에 충만해서 "너는 내 운명이야!"라고 말하지만 그 감정이 금세 식어 버린다면 아직 이성을 만날 준비가 안 된 것이다. 사랑은 자신의 감정과 의지를 조절할 수 있는, 성숙한 사람에게 허락된다.

두 번째는 '야곱 유형'이다. 쌍둥이 형을 속이고 삼촌의 집으로 도망간 야곱. 그곳에서 삼촌의 두 딸을 만났으니, 눈이 나쁜 레아와 얼굴이 예쁜 라헬이었다. 예쁜 라헬을 좋아했던 야곱은 그녀와 결혼하기 위해 먼저 레아와 결혼했고, 나중에는 두 여종과도 결혼하여 결국 4명의 아내를 맞이한 비운의(?) 주인공이 되었다. '야곱 유형'은 이성의 외모에 집착한다. 성형 공화국이라 불리는 대한민국의 외모 지상주의와 다이어트 열풍은, 눈에 보이는 것만을 가치 있게 여기는 오늘날의 시대정신을 보여 준다. 내면의 진정한 아름다움을 보지 못하고 외모에만 끌리는 사람은 조금 더 성숙해진 뒤에 이성 교제를 시작해야 한다.

세 번째는 '보디발의 아내 유형'이다. 연하남을 사랑한 그녀. 연하의 이성에게 고백하는 것은 그 자체로 이상한 일이 아니다. 문제는 그녀가 유부녀라는 것! 요셉은 그녀의 유혹을 단호히 거절했다. 모욕감을 느낀 그녀는 태도가 급변했다. 요셉이 옷자락을 잡은 여인을 뿌리치고 나가 버리자, 어처구니없게도 이렇게 소리를 질렀다. "저 히브리 노예 놈이 나를 유혹했어!" 이런 유형을 다른 말로 표현하면 '스토커 유형'이라고 할 수 있다. '내가 사랑할 수 없다면 누구도 사랑하지 못하게 만들 거야!' 애정이 애증으로 변해 서로를 파괴하는 막장 드라마로 치닫는다. 사랑은 집착이 아니다. 사랑은 내 감정만을 충족시키는 것이 아니다. 상대방을 위해 내 감정을 포기할 준비가 되지 않았다면, 아직은 사랑할 때가 아닌 것이다.

R U Ready?

한 주지사 부부가 길을 걷고 있었다. 부인이 빌딩 유리창을 닦는 사람과 반갑게 인사를 나누자 주지사가 부인에게 물었다. "저 사람은 누구요?" 부인이 대답했다. "내가 당신과 결혼하기 전에 사귀던 사람이에요." 주지사가 뿌듯한 표정으로 "당신, 나랑 결혼해서 자랑스럽지?"라고 하자, 부인은 정색하며 이렇게 말했다. "내가 저 사람과 결혼했다면, 당신이 아니라 저 사람이 주지사가 되었겠지요."

많은 십대들이 멋진 이성 친구를 만나고 싶어 한다. '수호천사'나 '백마 탄 왕자'와의 운명적 만남을 기다린다. 하지만 진정 멋진 만남을 원한다면 좋은 이성 친구가 나타나기를 기다리기 전에, 그대가 먼저 좋은 사람이 되어야 한다!

자, 다시 처음 질문으로 돌아가자. "사랑해도 될까요?" 아니다! 사랑해서는 안 된다. 그대가 하나님의 백성이라면 이 악한 시대의 왜곡된 가치관으로 사랑하지 마라! 성적 욕망을 자극하는 생각과 행동을 거절하라. "사랑해도 될까요?" 그렇다! 사랑해야 한다. 그대가 그리스도의 제자라면 이성에게 끌리는 건강한 느낌을 사랑하고, 성결과 거룩을 사랑하라! 미래의 배우자를 사랑하고, 결혼 안에서만 누릴 수 있는 아름다운 성(性)을 사랑하고, 성령의 충만함을 사랑하라. 그렇게 충분히 준비하고 충분히 성숙했을 때, 그대에게 마침내 찬란한 사랑이 찾아오리라!

사랑은 오래 참고 사랑은 온유하며 시기하지 아니하며 사랑은 자랑하지 아니하며 교만하지 아니하며(고린도전서 13:4).

나의 사랑하는 자가 내게 말하여 이르기를 나의 사랑,

내 어여쁜 자야 일어나서 함께 가자(아가 2:10).

시험 잘 봐!

인생은 시험이다

꼭 붙으라고 엿, 잘 풀라고 휴지, 잘 찍으라고 포크, 잘 보라고 거울, 확 붙으라고 성냥, 점수 부풀라고 풍선껌까지. 주는 사람도 받는 사람도 애틋하기 그지없는 시험 대박 기원 선물들이다.

11월은 60만 대입 수험생의 D-day이며 온 나라를 들었다 놓았다 하는 시험 종결자 '대학 수학 능력 시험'이 있는 달이다. 시험 날이면 기업들이 출근 시간을 늦추고, 듣기 평가 시간에는 비행기 운항도 중단되고, 시험장 인근 군부대에서는 훈련을 자제한다고 하니 수능은 정말 대단한 시험이다. 수시 준비를 위해 자소서를 쓰고, 생기부를 챙기고, 추천서를 받는 등 크고 작은 전투들을 이미 겪었지만, 전투의 끝판왕 수능을 앞둔 수험생들의 태도는 12척의 배로 왜적과 맞서는 비장함 그 자체! 오랫동안 마음의 준비와 기도의 시간을 거쳤지만, 수능은 정말 심장이 오그라드는 스릴과 서스펜스, 공포의 3단 콤보 시험이다!

시험을 앞둔 수험생들의 뇌를 들여다보면 아마 이렇지 않을까? '결과야 어찌 되든 수능만 끝나 봐라! 얼굴 튜닝에, 소개팅에, 배낭 여행에……' 저마다 부푼 꿈으로 설레겠지만 너무 큰 기대는 하지 마시라! 이게 끝이 아니니까. 대학생 선배들이 과제물 발표와 시험을 위해 밤새우는 모습은 참으로 눈물겹다. 스펙과 취업과 유학을 위한 영어 점수를 얻기 위해 학원가로 끝없이 몰려드는 인파들을 보라. 이른바 대한민국 3대 고시인 행정고시, 사법고시, 외무고시 준비생들의 넘사벽 포스를 비롯해 언제부터인가 희망 직업 1순위가 된 공무원 시험을 준비하느라 노량진 학원가와 고시촌에 모여 있는 선배들을 보노라면, '인생은 곧 시험'이라는 말이 과연 진리인 듯하다!

피할 수 없는 시험

아브라함은 자기 귀를 의심했다. '아들을 제물로 바치라고요? 제가 잘못 들은 거죠? 하나님이 주신 아들이잖아요!' 그러나 하나님은 농담을 하신 것이 아니었다. 결국 말씀 그대로 순종하여 제단 위의 아들에게 칼을 내려치는 긴박한 순간, 하늘에서 음성이 들렸다. "이제야 네가 나를 사랑하는 줄 알겠구나!"

그 순간 아브라함은 그것이 자신에게 복을 주시고, 자신을 위대한 믿음의 조상으로 세우기 위한 하나님의 시험이라는 것을 알았다.

경제력도, 사회적 명성도, 신앙도 그 무엇 하나 부족함이 없던 욥에게 시련이 닥쳤다. 욥 자신뿐만 아니라 그의 친구들도 도무지 이해할 수 없는 일이었다. 그 혹독한 고난을 믿음으로 견뎌 낸 뒤 하나님께서 욥의 모든 것을 회복하셨고, 그제야 욥은 이것이 그가 하나님을 경외하는 자임을 증명하기 위해 하나님께서 허락하신 시험임을 깨달았다. 사탄은 광야에서 금식하신 예수님께 접근해 기묘한 시험을 했다. 물론 예수님은 하나님의 말씀으로 너끈히 이겨 내셨지만, 예수님마저도 시험의 대상이 되셨다면 우리 중에서 시험을 피할 수 있는 사람이 있을까?

유혹인가 테스트인가

성경의 시험은 유혹(temptation)이거나 테스트(test)이다. 유혹은 사탄이 주는 것이며, 시험은 하나님께서 주시는 것이다. 유혹은 넘어뜨리기 위한 것이며, 시험은 성장시키기 위한 것이다. 유혹은 이겨 내는 것이며 시험은 통과하는 것이다. 유혹을 이긴 열매는 승리감이요, 시험을 통과한 결과는 영광이다. 성경 속 인물들은 믿음으로 유혹을 물리쳤고, 신앙의 위대한 선배들은 불같은 시험을 당당히 통과했다. 시험 범위는 "배운 데부터 배운 데까지야!"라고 하시는 선생님들의 말씀처럼, 하나님은 감당하지 못할 시험을 우리에게 허락하지 않으신다. 수능에서 문제에 담긴 출제자의 의도를 파악하는 것이 중요하듯, 인생의 시험을 맞이했을 때 출제자이신 하나님의 의도를 잘 파악하자. 교과서 중심으로 공부했다는 수능 만점생들의 이야기처럼, 하나님의 교과서인 성경에 충실하자. 구름같이 허다한 믿음의 선배들이 어떻게 성공하고 실패했는지 생생히 기록된 성경을, 마치 기출 문제를 대하듯 꼼꼼히 묵상하자. 언젠가 반드시 임하게 될 시험 앞에서 당황하지 않도록!

올해도 어김없이 대한민국 수험생들에게 운명적인 하루, 수능이 다가왔다. 크리스천 수험생들이여, 수능을 과소평가

하지 말자! 그렇지만 지나치게 두려워하지도 말자! 하나님 앞에서 정직하고 성실하게 준비한 영적 수험생인 우리는 숫자와 등급으로 나타낼 수 없는 영적 성적표와 상급을 받으리라. 시험 잘 보세요!

> 그 일 후에 하나님이 아브라함을 시험하시려고 그를 부르시되 아브라함아 하시니 그가 이르되 내가 여기 있나이다(창세기 22:1).

> 이르되 내가 모태에서 알몸으로 나왔사온즉 또한 알몸이 그리로 돌아가올지라 주신 이도 여호와시요 거두신 이도 여호와시오니 여호와의 이름이 찬송을 받으실지니이다 하고 이 모든 일에 욥이 범죄하지 아니하고 하나님을 향하여 원망하지 아니하니라(욥기 1:21-22).

Winter

겨울,
나만의 역사를
기록하는 때

책상 서랍 속 다이어리

완소 다이어리

책상이 왜 이렇게 지저분한 거야! 오랜만에 마음잡고 책상에 앉았는데 지저분한 책상 때문에 집중이 되지 않는다. 그래, 책상 먼저 치우고 열공이닷! 그렇게 책상을 정리하다가 발견한 서랍 속 다이어리들. 반가운 마음에 손때 묻은 다이어리를 펼쳐서 읽기 시작한다. 맞아, 그때 그런 일이 있었지? 킥킥거리며 한 장 두 장 넘기다 보면 어느새 홀쩍 시간이! 별수 없지. 공부는 내일부터 하자(ㅠㅠ).

다이어리를 더 예쁘게 꾸미고 싶은 욕심에 유튜브에서 다이어리 꾸미기 고수들의 영상을 찾아 따라 해 본 적도 있었지. 그날 급식 맛이 어땠는지 누구랑 싸웠는지 주문한 택배가 언제 도착했는지를 비롯해, 일주일째 혓바늘 때문에 고생한 일, 오랜만에 본 영화에 대한 감상, 학원 샘에게 칭찬받은 경험까지 시시콜콜한 사건들과 깨알 같은 이야기로 가득한 나의 다이어리들. 꼭 챙겨 보아야 할 드라마 본방 시간에는 빨간 색연필로 동그라미를, 친한 친구들 생일에는 하트 세 개를, 중간고사가 시작되는 날에는 별 다섯 개를 그려 넣는다. 다이어리 꾸미기의 필수 아이템 귀요미 스티커와 동글동글 포스트잇까지 더해지면 러블리한 완소 다이어리 완성! 그렇게 한 해 두 해 쌓여 온 다이어리 속 추억들은 내 인생의 소중한 보물이다.

나만의 역사책, 다이어리의 힘!

연말이 되면 대형 문구점의 판매대에 다이어리가 수북이 쌓이고, 그 앞은 새해를 맞이하는 굳은 각오가 얼굴에 드러나는 사람들로 북적거린다. 가죽 표지가 묵직한 아빠표 다이어리부터 새초롬한 여학생이 주로 쓰는 비밀 다이어리,

알록달록 캐릭터 표지에 스티커가 가득 들어 있는 초딩용 다이어리까지. 크기도 종류도 가격도 각양각색이다. 새 다이어리를 사서 새해의 결심과 계획을 펜으로 꾹꾹 눌러쓰는 느낌은, 키보드를 두드리거나 엄지손가락으로 스마트폰 자판을 눌러 SNS에 글을 올리는 것과는 차원이 다르다. 그 설렘과 두근거림은 경험해 본 사람만이 알리라.

데일리, 위클리, 먼슬리를 형형색색으로 깨알같이 채워 가는 다이어리는 십대인 우리의 하루 일정표요, 공부 계획서요, 다이어트 플래너요, 나만의 비밀 일기장이다. 때로는 중요한 일들을 놓치지 않도록 챙겨 주는 자상한 엄마, 속상한 일이 생겼을 때 나의 하소연을 끝까지 들어 주는 친절

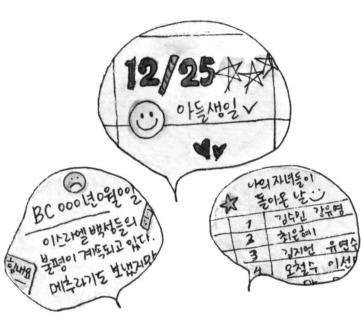

한 상담가, 이러쿵저러쿵 영양가 없는 나의 이야기에도 맞장구를 쳐 주는 오지랖 넓은 친구가 된다. 지루하고 짜증스러운 하루하루도 다이어리에 적으면 추억이 되고 기념일이 되고 나만의 특별한 역사가 되는 것을 보면, 다이어리는 참 신비한 힘을 가졌다.

우리의 삶은 하나님의 다이어리에

애굽 왕자 시절의 추억, 놀람과 흥분으로 홍해를 건너던 순간, 하나님이 직접 돌판에 계명을 적어 주셨던 신비로운 날, 쉴 새 없이 불평하는 백성들 때문에 짜증 나고 속상했던 날…… 모세 할아버지의 다이어리에는 40년 광야 생활의 느낌이 세세하게 적혀 있지 않았을까? 다니엘의 다이어리 앞부분 달력에는 세 개의 동그라미가 크게 그려져 있었을 것이다. 포로가 되어 멀리 바벨론 땅까지 끌려와서 힘겨운 하루하루를 보낼 때 자신에게 힘을 준 세 친구들의 생일 말이다. 복음을 들고 여러 지역을 여행했던 바울 선교사님의 다이어리는 다음 선교 여행지에서 쓸 물건들의 목록과 예상 이동 경로들로 복잡했겠지. 3년이 넘도록 예수님과 함께했던 제자들의 다이어리는 예수님이 행하신 놀라운 기적들과, 눈물이 날 만큼 감동적인 가르침들과, 가슴 뛰게 하는 천국에 대한 이야기들로 빼곡했을 것이다. 예수님이 못 박히셨던 날에는 검은 리본 스티커가, 무덤에서 부활하신 날에는 새하얀 리본 스티커가 붙어 있겠지. 이처럼 성경은 아주 오래전부터 하나님이 써 내려오신 역사의 다이어리이다. 그리고 오늘 우리의 하루는 하나님의 두툼한 다이어리 속 소중한 한 페이지인 셈이다.

새해를 맞아 다이어리를 사고, 예쁘게 꾸미고, 올 한 해의 목표와 새로운 계획을 정성껏 기록하는 십대들이여. 삶으로 써 내려가는 우리의 이야기들이 오늘도 계속되고 있음을 잊지 말자. 그동안 짜증스럽고 우울한 일이 많았다면, 새 다이어리에는 행복 담긴 단어와 기쁨의 이모티콘이 가득하길! Happy Diary! Happy New Year!

> 네 하나님 여호와께서 이 사십 년 동안에 네게 광야 길을 걷게 하신 것을 기억하라 이는 너를 낮추시며 너를 시험하사 네 마음이 어떠한지 그 명령을 지키는지 지키지 않는지 알려 하심이라(신명기 8:2).

> 왕이 그들과 말하여 보매 무리 중에 다니엘과 하나냐와

미사엘과 아사랴와 같은 자가 없으므로 그들을 왕 앞에 서게 하고 왕이 그들에게 모든 일을 묻는 중에 그 지혜와 총명이 온 나라 박수와 술객보다 십 배나 나은 줄을 아니라(다니엘 1:19-20).

지못미 My Friend

신종 셔틀, 일진 그리고 방관자

'와이파이 셔틀'이라는 신조어가 탄생했다. 자신의 스마트폰 핫스팟 기능으로 일진들이 무선 인터넷을 마음껏 사용할 수 있도록 해 주는 아이들을 뜻하는 말이다. 매점에서 빵을 사다가 배달해 주는 '빵셔틀'에 이어 새롭게 생겨난 학교 폭력의 유형이다. 그 외에도 스타킹 셔틀, 우산 셔틀, 신발 셔틀 등 다양한 '셔틀'이 있다. 그만큼 괴롭히는 행태가 다양해졌다는 의미이다. 날이 갈수록 학교 폭력이 심각해진다. 학교 폭력 피해자들은 반복적이고 지속적인 폭력 때문에 자기 인식의 변화를 겪는다. 부정적인 자아상이 생겨나고, 무기력과 수치심을 느끼며, 심한 경우 자살까지 시도하는 지경에 이른다. 실제로 통계 자료를 보면 자살 충동을 느끼는 청소년의 비율은 10.1%이며, 이는 성인의 0.2%보다 월등히 높다.

과거에는 학교 폭력을 주도했던 일진들이 한 학급에 한두 명, 학급 전체로 치면 소수 세력이었다. 하지만 오늘날의 일진들은 싸움만 잘하는 것이 아니라 운동도 잘하고 공부도 웬만큼 하고 집안 형편도 괜찮은, 학급의 주도 세력이다. 다수의 아이들이 일진을 중심으로 세력을 형성하고, 이 세력에 들지 못한 아이들은 왕따로 취급된다. 일진들의 횡포를 막기 어려울 뿐 아니라 다수의 아이들이 방관하는 가운데 왕따를 향한 학교 폭력은 이미 그 수위를 한참 넘었다.

친구야, 지켜 주지 못해 미안해!

1964년 3월 13일, 미국 뉴욕에 사는 27세 여성 캐서린 제노비스는 집으로 돌아가다가 괴한의 습격을 받았다. 35분 동안 수십 번이나 칼에 찔린 제노비스는 결국 자신의 집 앞에서 사망했다. 그녀는 비명을 지르며 도움을 요청했고, 당시 목격자가 38명이나 되었지만 그 누구도 그녀를 도와주거나 경찰에 신고하지 않았다. 이 끔찍한 일이 《뉴욕 타임스》에 보도되자 온 나라가 충격에 빠졌다. 이 사건에서 유래된 말인 '제노비스 신드롬'은 목격자가 많을수록 개인이 느끼는 책임감이 약해져서 어려움에 처한 사람을 도와주지 않고 방관하는 심리 현상을 일컫는다.

성경에도 이와 유사한 이야기가 있다. 인적이 드문 길에서 한 사람이 강도를 만났다. 그는 무자비하게 폭행을 당한 채로 길에 버려졌다. 피를 많이 흘렸고 상처가 심해 목숨이 위태로웠다. 이 사람 곁으로 여러 사람이 지나갔다. 그런

데 제사장도 그를 도와주지 않았고 레위 인도 그냥 가 버렸다. 그야말로 성경판 제노비스 신드롬이다. 이 이야기가 비극인 이유는 한 사람이 칼을 든 강도를 만나 심하게 폭행을 당했다는 사실 때문만이 아니다. 이웃이 죽어 가는데, 누군가의 도움이 꼭 필요한 상황인데, 아무도 관심을 가지지 않았다는 점에 주목해야 한다.

　이런 비극이 오늘날의 학교에서도 일어나고 있다. 십대들에게 괴롭힘을 당하는 친구를 보고도 왜 모른 척하냐고 물으면 "나도 왕따를 당할까 봐 겁이 나기 때문에" 또는 "그냥 귀찮아서"라고 대답한다. 이기심과 귀차니즘으로 똘똘 뭉친 우리의 방관적 태도 속에서, 친구들은 성경에 나온

강도 만난 사람처럼 외면당하며 고통받고 있다.

반전의 주인공

예수님이 들려주신 강도 만난 사람의 이야기에는 놀라운 반전이 있다. 예상치 못했던 인물의 개입 덕분에 이 비극은 희극으로 변했고, 결국 해피 엔딩으로 마무리되었다. 반전의 주인공은 사마리아 인이다. 사마리아 인은 강도 만난 사람을 그냥 지나치지 않고, 그에게 다가가 도움의 손길을 내밀었다. 사마리아 인 덕분에 그 사람은 죽음의 위기에서 극적으로 살아났다. 무관심 속에서 죽어 가던 이웃에게 관심과 사랑을 보인 사람은 사회 지도층인 제사장도, 레위 인도 아니었다. 누구도 예상하지 못한 인물, 자신도 남들에게 외면당하고 소외된 채로 살던 사마리아 인이었다!

학교 폭력, 일진, 왕따, 자살……. 이 불명예스러운 꼬리표가 우리 십대들에게 붙어 있는 현실을 직시하며 의로운 분노를 품자! 누가 학교 폭력의 문제를 해결할 것인가? 누가 이 비극적인 상황을 뒤바꾸는 반전의 주인공이 될 것인가? 바로 하나님의 십대들이다! 왕따 친구를 살릴 수 있는 사람은 레위 인도 아니고 제사장도 아니다. 학교 폭력은 선생님도 경찰도 국가도 해결할 수 없다. 오직 하나님의 사랑, 곧 아가페로 무장한 크리스천 십대들이 위기에 빠진 학교를 구할 수 있다. 사탄은 우리를 속여 폭력과 폭력에 대한 방관을 당연한 것으로 여기게 한다. 그러나 사탄의 속임수에 넘어가지 말자. 폭력뿐 아니라 방관도 명백한 죄악이다. 그리스도의 방식인 아가페 사랑으로 폭력에 대처하고 왕따 친구들에게 다가가자. 하나님께서 우리를 통해, 우리 자신과 친구들과 학교를 폭력의 굴레에서 벗어나게 하시며 온전한 관계를 회복시키실 것이다.

네 생각에는 이 세 사람 중에 누가 강도 만난 자의 이웃이 되겠느냐 이르되 자비를 베푼 자니이다 예수께서 이르시되 가서 너도 이와 같이 하라 하시니라(누가복음 10:36-37).

누구든지 하나님을 사랑하노라 하고 그 형제를 미워하면 이는 거짓말하는 자니 보는 바 그 형제를 사랑하지 아니하는 자는 보지 못하는 바 하나님을 사랑할 수 없느니라(요한일서 4:20).

진격의 졸업식

밀가루와 달걀 그리고 졸업식

밀가루 뿌리기와 달걀 던지기는 애교이다. 머리에 케첩 뿌리기, 까나리 액젓 들이붓기, 교복 찢기, 스프레이 페인트로 선생님 차에 낙서하기, 졸업식장에 소화기 발사하기, 단체로 바다에 빠뜨리기, 야산 나무에 묶어 두기, 알몸으로 거리를 활보하기까지. 졸업 시즌마다 되풀이되어 온 풍경이다. 많은 청소년들이 '졸업빵' 혹은 '졸업식 뒤풀이'라는 이름으로 이처럼 상식 밖의 행동을 아무렇지도 않게 한다. 머지않아 졸업식 노래 가사가 이렇게 바뀔 기세이다. "빛나는 졸업장을 타신 언니께 밀가루를 한 아름 선사합니다!"

졸업식이 끝난 뒤 아파트 주변에서 밀가루와 달걀을 뒤집어쓴 채 알몸으로 쭈그려 앉아 있는 중딩들의 사진이 언론에 보도되자 어른들은 그야말로 멘붕에 빠졌다. 어른들의 기억 속에 아쉬움과 감사의 눈물로 남아 있는 졸업식과는 너무나 다른 풍경이기 때문일 것이다. 오죽하면 경찰이 전국의 초·중·고교 졸업식 날 교육청 직원들과 함께 학교 인근을 순찰하면서 감시하겠다고 발표하기까지 했을까. 졸업식장에서 밀가루를 던지고 교복을 찢는 청소년들의 행동 속에는 그동안 자신을 짓눌러 왔던 억압으로부터 해방되었다는 홀가분한 마음이 담겼다. 그들이 그토록 벗어나기를 원했던 곳은 바로 학교이다!

졸업 혹은 해방

세계 최고로 손꼽히는 교육열과 극심한 입시 경쟁 체제. 오늘날의 대한민국에서 중학생 또는 고등학생으로 살아간다는 것은 어떤 의미일까? 아마도 청소년들에게 학창 시절은 배움의 기쁨 속에 꿈을 키워 가는 인생의 푸른 계절이 아닐 것이다. 오직 '대학 진학'이라는 목적을 이루기 위해 무한 경쟁에 내몰리는 시기라고 생각되지 않을까? 그렇다 보니 청소년들에게 졸업이란 그 치열한 전쟁의 한 라운드를 마쳤다는 안도감이요, 서바이벌 게임에서 살아남은 승자들의 씁쓸한 축제이다. 십대들의 졸업식이 이렇게 변한 것은 3년간 함께한 친구들이나 정든 선생님과 작별한다는 아쉬움보다, 학생 신분이 주는 스트레스와 억압으로부터 풀려난다는 해방감이 훨씬 크기 때문이다. 친구에게 밀가루를 뿌려 보았자, 학주 샘의 차에 낙서를 해 보았자, 교복을 쭉 찢어 보았자 인생의 억압이 결코 사라지지 않는다는 것쯤은 십대들도 안다. 졸업했다고 인생의 모든 구속이 끝나는 것은 아니지만, 적어도 이날만큼은 교복으로 상징되는 학교의 규율과 경쟁에 대한 압박을 훌훌 벗어 버리고 싶을 것이다. 그 마음을 알기에 어른들은 걱정과 애틋한 마음으로 묵묵히 졸업식 뒤풀이를 지켜본다.

졸업식 이후의 삶

성경 곳곳에서도 배움의 한 과정을 마치고 인생의 더 높은 과정으로 나아갔던 졸업식 이야기들이 등장한다. 선지

자 엘리사의 졸업식에서는, 불수레와 불말이 깜짝 등장하는 가운데 스승인 엘리야가 회오리와 함께 하늘로 사라졌다. 모세가 세상을 떠난 순간은, 제자 여호수아에게 40년간이나 계속되어 온 광야 리더십 학교의 졸업식과 같았다. 예수님의 십자가 처형이 있었던 골고다 언덕은, 열두 제자의 제자 학교 졸업식 장소였다.

졸업식이 끝난 뒤 제자 엘리사는 스승 엘리야보다 갑절이나 많은 능력으로 하늘의 메시지를 선포했고, 제자 여호수아는 스승 모세가 이루지 못한 가나안 정복 전쟁을 승리로 이끌었다. 열두 제자들은 '땅끝까지 이르러 내 증인이 되라'고 하신 스승 예수님의 말씀을 준행하기 위해 인생을 온전히 바쳤으며, 그 위대한 사명은 지난 2,000년간 지구상의 모든 제자들에게로 이어졌다. 이처럼 졸업은 더 높은 단계로 올라서기 위한 또 하나의 출발점이다.

졸업을 맞이하는 십대들이여, 그 자유와 해방감을 마음껏 누리길 바란다. 단, 그리스도의 제자다운 태도로 품격 있게 누렸으면 좋겠다. 그리고 졸업식 이후를 생각하자. 비록 학교가 십대인 우리에게 자유와 낭만과 꿈을 충분히 제시하지는 못했지만, 그렇다고 학교에서 벗어나기만을 손꼽아 기다리며 삶을 낭비하기에는 청춘의 시기가 무척이나 찬란하기 때문이다. 그렇게 억울해하고 답답해하며 무의미한 시간을 보내기에는 청소년의 계절이 참으로 빛나기 때문이다. 배울 수 있다는 것 자체가 얼마나 행복한지는 더 이상 배울 수 없을 때에야 비로소 깨닫게 된다. 학교라는 이름의, 우리가 속한 작은 세상에서 충분히 배우자. 그래서 언젠가 맞이하게 될 우리 인생의 졸업식 때 당당히 말하자. 충분히 배웠노라고, 그래서 이제 더 높은 과정으로 나아갈 수 있노라고. 졸업을 진심으로 축하합니다!

두 사람이 길을 가며 말하더니 불수레와 불말들이 두 사람을 갈라놓고 엘리야가 회오리바람으로 하늘로 올라가더라 엘리사가 보고 소리 지르되 내 아버지여 내 아버지여 이스라엘의 병거와 그 마병이여 하더니 다시 보이지 아니하는지라 이에 엘리사가 자기의 옷을 잡아 둘로 찢고(열왕기하 2:11-12).

오직 성령이 너희에게 임하시면 너희가 권능을 받고 예루살렘과 온 유대와 사마리아와 땅끝까지 이르러 내 증인이 되리라 하시니라(사도행전 1:8).

밸런타인데이,
그 달콤 쌉싸래한 이야기

사랑은 무슨 맛일까?

해가 바뀌고 2월이 되면, 교회 청소년부의 인기 서열이 정리된다. 넘사벽 대세남은 자매들의 로망인 교회 오빠! 뿔테 안경 너머로 반짝이는 선한 눈빛, 베이지색 면바지에 기타를 메고 감미로운 목소리로 찬양을 인도하는 그들! 착하고 친절한 데다가 훈남이기까지 한 교회 오빠들의 존재감은 2월 14일이 되면 절정에 이른다. 그들의 양손에 가득한 초콜릿을 보라! 제과 회사의 한정판이든 정성 가득한 수제

품이든, 밸런타인데이 초콜릿은 언제나 그들의 것이다. 승자가 모든 것을 차지하는 냉엄한 현실 속에서 '흥! 그깟 초콜릿이 뭐라고. 난 초콜릿 회사의 상술에 현혹되지 않겠어!'라며 애써 쿨한 척해 보지만, 가슴속 깊은 곳에 쌓인 쓸쓸함의 정체는 무엇인지. 밸런타인데이는 사랑이 결코 달콤하지만은 않다는 진실을 우리에게 가르쳐 준다. 그 달콤 쌉싸래한 사랑의 맛이란 정말이지 초콜릿을 닮았다.

초콜릿 하나 받아 본 적이 없더라도 밸런타인데이의 유래 정도는 알고 있을 것이다. 3세기경 로마 황제 클라우디우스 2세는 더 많은 남성들을 입대시키기 위해 결혼을 금지했다. 하지만 발렌티누스 사제는 황제의 명령을 어기고 결혼식(혼인 성사)를 치러 주다가 죽음을 당했다. 밸런타인데이는 원래 그가 순교한 2월 14일을 기념하는 날이었다. 그 뒤로 세월이 흐르면서 '남녀가 서로 사랑을 맹세하는 날'이라는 의미가 더해진 것이다. 이날에 초콜릿을 보내는 관습은 19세기 영국에서 시작되었다. 일본에서는 1960년 모리나가 제과가 실시했던 사랑 고백 캠페인이 계기가 되어, 여성이 좋아하는 남성에게 초콜릿을 주며 사랑을 고백하는 날로 정착되기 시작했다. 이런 풍습이 1980년대 중반에 우리나라로 유입된 것이다.

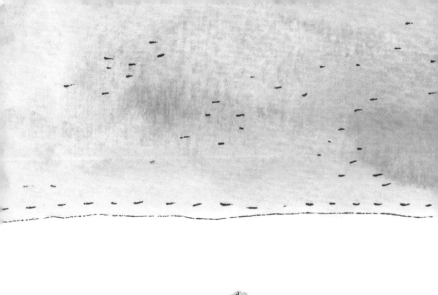

나쁜 초콜릿 or 착한 초콜릿

사람들이 초콜릿에 열광하는 현상은 어제오늘의 일이 아니다. 이탈리아의 르네상스에 큰 영향을 끼쳤던 메디치는 '초콜릿 중독자'라고 불릴 만큼 초콜릿을 좋아했다. 18세기 사상가들은 초콜릿 하우스에 모여 평등과 자유를 토론하고 인권을 열렬히 옹호했다. 그러나 아이러니하게도 그들이 먹은 초콜릿은 노예들의 피땀이 어린 결과물이었다! 오늘날 초콜릿의 원료인 카카오의 절반 가까이가 서부 아프리카의 정글에서 생산된다. 카카오는 우리가 쉽게 볼 수 있는 판형 초콜릿을 비롯해 시럽이나 크림 등의 다양한 형태로 만들어져 세계인의 입을 즐겁게 한다. 그러나 정작 카카오 농장에서 일하는 아프리카 아이들은 카카오가 초콜릿의 재료라는 사실조차 모른다. 만약 이 아이들이 초콜릿이라 불리는 군것질거리 하나의 가격이 얼마인지 알면 깜짝 놀랄 것이다. 그 지역에서 초콜릿 하나의 값은 닭 한 마리나 쌀 한 자루를 살 수 있는 돈이고, 농장에서 일하는 아이 한 명의 사흘 치 품삯보다도 많다.

카카오 산지인 서부 아프리카 아이들이 며칠 동안 땀 흘려 일하며 생산한 것을 지구 반대편 아이들은 눈 깜짝할 사이에 소비한다. 알고 보면 초콜릿이란 얼마나 사치스러운 간식인가? 어쩌면 초콜릿은 문화적 아이러니요, 지구 마을의 경제 윤리를 돌아보게 하는 아이콘일지도 모른다.

사랑은 고백되어야 한다

밸런타인데이 초콜릿에 담긴 메시지는 '사랑'이다. 비록 상인들이 돈을 벌 목적으로 밸런타인데이와 초콜릿을 연결시켰다 해도, 그날에 초콜릿이 하나님의 '아가페 사랑'을 전하는 도구로 쓰인다면 초콜릿은 비싼 몸값에 합당한 가치가 있다. 아프리카의 검은 열매 카카오가 누군가의 사랑을 전달하는 도구가 되고, 이를 통해 지구 반대편에서 소외받는 아이들이 사라진다면, 아프리카 아이들의 고된 노동은 헛되지 않다. "네 원수가 주리거든 먹이고 목마르거든 마시게 하라"는 성경의 가르침대로, 나의 마음을 끄는 이성뿐 아니라 내가 속한 작은 세계의 '원수'들조차 사랑하고 그들에게 그리스도의 사랑을 고백한다면, 밸런타인데이는 손꼽아 기다릴 만큼 가치 있는 날이다.

누군가를 사랑해 보았는가? 온 세상의 꽃들이 나를 위하여 핀 것처럼 느껴지고, 이어폰으로 사랑 노래를 듣다가 마치 내 마음을 들킨 것처럼 얼굴이 붉어진 적이 있는가? 그 사람의 존재만으로 가슴이 설레고, 마음 가득 따뜻한 그 무엇이 차오르는 것 같은 느낌을 아는가? 사랑이라는 이름의 감정은 분명 초콜릿의 달콤함을 닮았다. 그러나 성경이 말하는 사랑은 감정이 전부가 아니다. 그것은 행동이요, 고백이다. 사랑을 고백해 보았는가? 고백이 두려운 이유는 거절당할 수 있기 때문이다. 내 가슴을 설레게 하는 사람에게 사랑을 고백하는 것도 어렵지만, 나를 적대시하고 깔보는 누군가에게 사랑을 고백하는 것은 훨씬 더 어렵다. 오늘날 세상은 교회를 좋아하지 않는다. 크리스천들에게 적대적인 태도를 보인다. 예수님의 십자가 사랑을 거부했던 이 세상은 우리의 사랑도 거부할 것이다. 우리가 그리스도의 명령을 따라 세상에 선행을 베풀고 용기를 내어 사랑을 고백할지라도, 그 순수한 사랑의 고백조차 거절당할 수 있다. 하지만 그렇게 하는 것이 진짜 사랑이다. 예수님은 우리가 서로 사랑할 때, 비로소 우리를 자신의 제자로 인정하겠다고 하셨다. 여러분은 제자인가? 사랑을 거부하는 세상을 향해 물과 피를 쏟으며 끝까지 사랑을 고백하신 예수님처럼, 이번 밸런타인데이에는 세상을 향해 사랑을 고백해 보자!

네 원수가 주리거든 먹이고 목마르거든 마시게 하라 그리함으로 네가 숯불을 그 머리에 쌓아 놓으리라(로마서 12:20).

새 계명을 너희에게 주노니 서로 사랑하라 내가 너희를 사랑한 것같이 너희도 서로 사랑하라 너희가 서로 사랑하면 이로써 모든 사람이 너희가 내 제자인 줄 알리라(요한복음 13:34-35).

크리스마스 최고의 선물

메리 크리스마스

함박눈, 선물, 카드, 트리, 캐럴, 영화, 파티 등은 어떤 날의 연관 검색어일까? 바로 크리스마스이다. 크리스마스가 가까워지면 거리마다 캐럴이 울려 퍼지고, 공원이나 백화점에는 거대한 트리가 세워지며, 눈 소식에 관심이 집중된다. 이처럼 크리스마스는 예수님의 탄생을 기뻐하는 기독교의 축일을 넘어 세계인의 축제가 되었다. 전쟁 중이던 영국군과 독일군이 캐럴을 부르며 이날만큼은 휴전을 했다는 이야기처럼, 크리스마스는 세상 모든 이들이 평화를 꿈꾸는 날이다. 왠지 크리스마스에는 모든 것을 용서할 수 있고, 모든 이들이 행복할 것 같고, 무언가 특별한 일이 생길 것 같고, 즐거운 일이 가득할 것만 같다. 이날 꼬꼬마들은 머리맡에 양말을 걸어 둔 채 산타 할아버지를 기다리다가 잠들고, 부모님들은 선물 상자를 꼭꼭 감춘 채 아이가 잠들기를 기다린다. 연인들은 정성껏 준비한 선물을 서로에게 건네고, 누군가는 소외된 이웃들에게 사랑을 전한다. 제과점 앞에 케이크 상자가 산더미처럼 쌓이고, 카드와 선물 상자를 받은 군인 아저씨들의 입은 활짝 벌어진다. 백화점이 최대 매출을 기록하는 날이며, 1년 중 포장 코너가 가장 바쁜 날이자 가장 많은 선물이 오가는 날. 이처럼 크리스마스는 모두가 기쁘고 모두가 행복한 날이다.

선물의 조건

오 헨리의 단편 소설 〈크리스마스 선물〉을 읽어 보았는가? 가난한 부부가 있었다. 크리스마스가 다가왔지만 서로에게 줄 선물을 살 돈이 없어 두 사람은 각기 고민에 빠졌다. 결국 아내는 탐스러운 금발을 팔아 남편에게 선물할 시겟줄을 샀고, 남편은 아버지에게 물려받은 금시계를 팔아 아내의 머리빗을 샀다. 이 훈훈한 이야기는 크리스마스 선물의 조건이 무엇인지를 생각하게 한다. 비록 머리빗이 소용없게 되었고 시곗줄을 끼울 시계도 남아 있지 않지만, 부부는 지상 최고의 크리스마스 선물을 주고받았다. 자신의 희생으로 서로에게 가장 필요한 것을 선물했기 때문이다. 자신에게 가장 가치 있는 것을 버린 대가로 마련한 선물, 그 선물에 담긴 사랑은 그 무엇으로도 채울 수 없을 만큼 크다. 그렇다. 받는 이에게 가장 필요한 것이 최고의 선물이다. 상대방에게 가장 필요한 것이 무엇인지를 세심히 살피고, 내가 가진 모든 것으로 그 필요를 채워 주고 싶어 하는 마음과 사랑이 진짜 선물이다. 하늘 아버지께서 우리에게 주신 크리스마스 선물이 있으니, 바로 하나뿐인 아들 예수 그리스도의 생명이다. 이는 죄로 오염된 우리를 깨끗하게 하고, 하나님과의 틀어진 관계를 회복하기 위해 반드시 필요하다. 아들을 이 땅에 보내시고 아들의 생명을 우리에게 주신 아버지의 사랑! 이것이 진정한 크리스마스 선물이다.

크리스마스의 참된 의미

"고요한 밤. 거룩한 밤. 어둠에 묻힌 밤." 이 오래된 캐럴은 첫 크리스마스의 풍경을 있는 그대로 그려 냈다. 캐럴도 트리도 촛불도 선물 상자도 없을 뿐만 아니라 오히려 동물 냄새가 가득했던 마구간에서 말구유에 누우신 아기 예수님. 그분을 둘러싼 몇몇 사람들과 그날 밤에 일어났던 고요한 혁명. 그 누구도 예상하지 못한 비밀스럽고 거룩한 탄생……. 그날, 어둠 속에서 마침내 메시아에 관한 오랜 예언이 성취되었다. 첫 번째 크리스마스를 맞이했던 이들에게 그날은 어떤 기억으로 남아 있을까? 천사에게서 아기에 대한 메시지를 들은 마리아에게, 말구유에 아기를 누인 요셉에게 크리스마스는 어떤 의미였을까? 큰 별을 따라 먼 길을 여행한 박사들과 천사의 말을 듣고 마구간을 찾은 목자들에게, 크리스마스는 지금과 다른 의미가 아니었을까? 고요하고 엄숙하며 경건했던 그들의 크리스마스에 비해, 오늘날 우리의 크리스마스는 지나치게 사치스럽고 소란하고 부산스러운 것은 아닐까?

수많은 선물이 오가는 크리스마스. 잠시 흥분을 가라앉히고 참된 선물이 무엇인지 생각해 보자. 그렇다. 아기가 참된 선물이다. 아기로 오신 예수님이 진짜 선물이다. 아기 예

수님이 가지고 오신 구원이 선물이고, 아기 예수님이 마침
내 완성하실 하나님 나라가 진정한 크리스마스 선물이다!
비록 첫눈이 내리지 않아도, 텔레비전에서 몇 년째 똑같은
특선 영화를 방영해도, 산타클로스와 루돌프가 없다는 사
실을 뒤늦게 알았어도, 무언가 드라마틱한 일이 일어나지
않아도, 값비싸고 화려한 선물이 없어도, 크리스마스는 이
미 주신 선물로 인해 충분히 흡족하고 기쁜 날이다. 메리
크리스마스!

> 보라 처녀가 잉태하여 아들을 낳을 것이요 그의 이름은
> 임마누엘이라 하리라 하셨으니 이를 번역한즉 하나님
> 이 우리와 함께 계시다 함이라(마태복음 1:23).

> 지극히 높은 곳에서는 하나님께 영광이요 땅에서는 하
> 나님이 기뻐하신 사람들 중에 평화로다 하니라(누가복음
> 2:14).

꿈의 시상식

시상식, 12월의 축제!

시상식의 계절이 돌아왔다. 골든디스크상, 가요 대전, 연예 대상, 연기 대상, 대한민국 문화 예술 대상 등등 12월의 텔레비전은 온통 시상식 퍼레이드! 시상식은 평생에 단 한 번 받을 수 있다는 신인상 수상자들의 해맑은 웃음과, 공로상을 손에 든 노배우의 주름진 미소와, 시청자들을 웃기기 위해 몸을 사리지 않던 개그맨이 눈시울을 붉히며 진지하게 이야기하는 것을 볼 수 있는 특별한 시간이다. 리무진에서 내린 뒤 우아하게 손을 흔들며 레드 카펫을 밟고 들어서는 여배우들을 향해 쉴 새 없이 카메라 플래시가 터지고, 수상 후보의 긴장된 표정이 화면을 가득 채우며, 수상자의 이름이 발표되는 순간 웅장한 음악과 함께 관객들의 환호가 이어진다. 이처럼 12월의 시상식은 짜릿하고 화려하면서도 감동이 넘치는 볼거리의 향연이다.

수상 소감? 느낌 아니까!

"(소속사) 사장님과 모든 스태프들께 감사드립니다. 팬 여러분, 사랑해요!" 식의 뻔하고 식상한 수상 소감은 이제 그만! 2005년 청룡 영화제 남우 주연상을 받은 배우 황정민의 명품 수상 소감을 들어 보자.

"스태프들과 배우들이 멋진 밥상을 차려 놓아요. 저는 먹기만 하면 되거든요. 그런데 스포트라이트는 제가 받아요. 그게 정말 죄송스러워요."

자신이 받은 상을 함께 노력한 모든 이들과 나누고 싶다는 그의 말은 수상 소감의 레전드로 남았다. 1992년 대종상 여우 주연상을 받은 장미희의 "아름다운 밤입니다!"는 수많은 패러디를 낳았다. 2008년 K본부 연예 대상 여자 우

수상을 받은 박지선은 "화장을 못해서 예뻐 보일 수 없다는 것에 슬픔을 느끼기보다, 분장을 못해서 더 웃길 수 없다는 것에 슬픔을 느끼는 진정한 개그우먼이 되도록 노력하겠습니다!"라는 수상 소감으로 뼛속까지 희극인임을 입증했다. 2010년 S본부 연기 대상 프로듀서상을 받은 배우 차인표는 "세계의 가난한 어린이들과 결연하는 순간 여러분의 인생이 더 행복해질 것입니다"라고 말해서 개념 소감 종결자로 등극했다.

수상자가 발표되고 음악과 박수 소리가 잦아들면 관객들은 수상 소감에 집중한다. 한 편의 영화를 위해, 한 곡의 노래를 위해, 한 번의 웃음을 위해 그들이 흘린 땀과 눈물을 알기에 우리는 그들의 수상 소감을 숨죽여 듣는다.

궁극의 시상식

12월의 시상식이 한 해를 결산하는 것처럼, 역사의 마침표가 찍히는 순간 예수 그리스도께서 모든 것을 결산하신다고 성경은 예언한다. 그 결산의 날에 우리는 저마다 상을 받을 것이다. 주인에게 받은 달란트를 불리기 위해 분투했던 종은 "잘하였도다 착하고 충성된 종아!"라는 칭찬을 상으로 받을 것이며, 지극히 작은 자 한 명을 예수님처럼 섬긴 성도들은 하나님 나라를 상으로 받을 것이라고 성경은 말한다. 로마 황제의 위협 앞에서도 끝까지 믿음을 지켰던 서머나 교회에게는 생명의 면류관이 약속되었고, 역사의 마지막 순간에 요한이 본 황금빛 성은 모든 고난을 이겨 낸 성도들에게 주어질 궁극의 상이다.

12월이다. 또 한 해가 이렇게 마무리된다. 공부를 못하면 칭찬해 주지 않는 학교에서, 아직 어리다는 이유로 청소년을 인정해 주지 않는 세상에서, 딱히 잘하는 게 없는 나를 받아 주지 않는 친구들 속에서 올 한 해도 참 수고했다. 하루에도 몇 번씩 파도처럼 오르내리는 사춘기 감정을 추스르느라고, 특별한 이유 없이 찾아오는 짜증을 참아 내느라고, 성적과 대학 진학과 미래에 대한 답답한 마음을 이겨 내느라고 올 한 해도 정말 애를 많이 썼다. 주일 예배와 학원 보충 수업이 겹쳐서 고민하던 시간, 여름 수련회에 참가하기 위해 담임 선생님의 눈치를 보던 시간, 패역한 십대들의 문화를 거부하기 위해 믿지 않는 친구들과 서먹해진 시간을 우리 하나님께서는 모두 기억하신다. 궁극의 시상식이 가까워졌음을 기억하라. 이 모든 믿음의 수고에 대해 하늘의 왕께서 상을 내리실 것이다. 구름같이 허다한 증인들의 환호와 축하의 박수가 약속되었다. 나와 여러분은 객석에서 박수를 치는 관객이 아니라, 당당히 상을 받는 주인공으로 영원한 시상식에 참여할 것이다. 자! 수상 소감은 당연히 준비했겠지?

그 주인이 이르되 잘하였도다 착하고 충성된 종아 네가 적은 일에 충성하였으매 내가 많은 것을 네게 맡기리니 네 주인의 즐거움에 참여할지어다 하고(마태복음 25:21).

…네가 죽도록 충성하라 그리하면 내가 생명의 관을 네게 주리라(요한계시록 2:10).

사랑을 더하면 온전해집니다.

이 모든 것 위에 사랑을 더하라 이는 온전하게 매는 띠니라(골 3:14)

도서출판 사랑플러스는 이 땅의 모든 교회와 성도들을 섬기기 위해 국제제자훈련원이 설립한 출판 사역 기관입니다.

십대, 성경으로 세상을 보라

초판 1쇄 발행 2015년 3월 5일
초판 6쇄 발행 2018년 7월 17일

지은이 김경덕
일러스트 이경은

펴낸이 오정현
펴낸곳 사랑플러스
등록번호 제2002-000032호(2002년 2월 15일)
주소 서울시 서초구 효령로 68길 98(서초동)
전화 02)3489-4300 **팩스** 02)3489-4329
이메일 dmipress@sarang.org

저작권자 (C) 김경덕, 2015, *Printed in Korea*.

ISBN 978-89-90285-95-9 03230